AF628735

Birgit Kogler

Schnell UND gesund?!

Birgit kocht's

TRAUNER

Alle Rechte vorbehalten. Kein Teil des Werkes darf in irgendeiner Form (durch Fotografie, Mikrofilm oder andere Verfahren) ohne schriftliche Genehmigung des Verlages reproduziert oder unter Verwendung elektronischer Systeme verarbeitet, vervielfältigt oder verbreitet werden.
Keine Haftung für Nährwerte.

2. aktualisierte Auflage 2025
Copyright © 2024 by
TRAUNER Verlag + Buchservice GmbH
Köglstraße 14, 4020 Linz, Austria

Lektorat und Produktmanagement: Birgit Prammer

Layout und Gestaltung: Daniela Reiter

Korrektorat: Mag. Valentin Panzirsch BA

Fotografien: Mag. Bernhard Bergmann: Cover, Seiten 4/5, 6 (1), 19 (1), 99 (1, 3)
Adobe Stock / shutterstock.com: Seiten 6 (2),7, 10–15, 25, 28, 35, 51, 61, 66, 76/77, 89, 98, 111, 114, 129, 143, 168, 178/179, 183 sowie alle Icons
Birgit Kogler BSc: alle anderen Fotos

Herstellung: Gutenberg-Werbering Gesellschaft m.b.H., Anastasius-Grün-Straße 6, 4020 Linz

PRINTED IN AUSTRIA

ISBN: 978-3-99151-332-2

INHALTSVERZEICHNIS

Viel Spaß beim Schmökern!

EINLEITUNG

DU BRAUCHST …

… schnelle und einfache Rezepte? Gesund soll es aber auch sein? Regionalität und Saisonalität sind für dich wichtig? Du möchtest für dich allein kochen, brauchst deshalb nur eine Portion und nicht vier auf einmal? Glückwunsch, dann bist du hier genau richtig!

Zugegeben, Kochbücher gibt es mittlerweile unzählige. Egal für welche Ernährungsweisen, Vorlieben, Anlässe, Erkrankungen oder Jahreszeit, für Singlehaushalte oder Familien – zu jedem Thema stehen passende Exemplare im Regal. Auch das Internet hat schon lange die heimischen Küchen erreicht und die Rezeptsuche revolutioniert. Wenn es darum geht, rasch und unkompliziert Rezepte zu finden, sind diverse Internetseiten ein wahrer Segen. Und dennoch habe ich mich dazu entschieden, auf altbekanntem Weg – nennen wir es „altmodisch“ – als Autorin mit einem Verlag ein Kochbuch zu schreiben.

Dieses Buch ist für alle, die sich ausgewogen und bewusst ernähren wollen, gleichzeitig zeit- und ressourceneffizient kochen möchten und nicht eine ganze Fußballmannschaft versorgen müssen, sondern nur für sich allein Gutes schmackhaft und rasch auf den Tisch bringen wollen.

Ich wünsche allen beim Ausprobieren der Rezepte viel Spaß, gutes Gelingen und vor allem viel Genuss!

Alles Liebe

Birgit Kogler

ICH, BIRGIT KOGLER, DIÄTOLOGIN AUS LEIDENSCHAFT UND GENUSSMENSCH, …

… liebe es, zu backen und zu kochen. Nach neuen Rezepten zu suchen und diese dann nach den Richtlinien einer ausgewogenen Ernährung zu optimieren, ist quasi mein Hobby.

In meinem beruflichen Alltag als Diätologin, sei es in Ernährungsberatungen oder Workshops, merke ich tagtäglich, dass viele wissen, wie eine gesunde Ernährung funktioniert. Die Umsetzung im Alltag ist dann aber meist das Problem. Gründe dafür gibt es viele: Stress, lange Arbeitstage, keine Lust, lange in der Küche zu stehen, oder mangelnde Motivation, um nur für sich allein zu kochen. Genau bei diesen Problemen möchte ich mit meinem Kochbuch helfen und zeigen, wie einfach und schnell ausgewogene Speisen auf den Tisch gezaubert werden können.

DAS PRINZIP DIESES BUCHES

- Schnell muss es gehen,
- aus nur wenigen, überall erhältlichen Zutaten soll mein Essen bestehen,
- gesund soll es sein und
- schmecken soll es natürlich auch.

Das sind die klassischen Anforderungen an Rezepte, die ich als Diätologin* in meinen Ernährungsberatungen immer wieder höre. Doch wenn jemand nur für sich allein kocht und nicht eine mehrköpfige Familie versorgen muss, sind diese Anforderungen oftmals wirklich schwer unter einen Hut zu bringen.

Selbst eine schnelle Internetrecherche, Foodblogs oder auch entsprechende Kochbücher zu Schlagwörtern wie „Low Carb", „Paleo", „gesund" oder „zuckerfrei" helfen oftmals nicht bei der Suche nach Rezepten für wirklich ausgewogene Ernährung. Häufig verbergen sich hinter derartigen Begriffen einseitige Ernährungsweisen, die von Verboten und Verzicht gekennzeichnet sind.

Gerade wenn jemand der Diätmentalität den Rücken kehren und die eigene Ernährung langfristig und nachhaltig optimieren möchte, ohne dabei auf Kohlenhydrate und Zucker zu verzichten oder wie in der Steinzeit essen zu müssen, wird in diesem Rezepte-Dschungel verloren sein. Viele haben das Gefühl, nicht zu wissen, woher sie passende Rezepte bekommen, die funktionieren, schmecken, schnell gehen UND gesund sind. Und genau deshalb gibt es dieses Kochbuch.

WAS DU IN DIESEM KOCHBUCH BEKOMMST – UND WAS NICHT

Du bekommst simple, schnelle Rezepte, hauptsächlich vegetarisch, einige aber auch vegan – vielen „Fleischtigern" ist das in der Testphase aber gar nicht aufgefallen ☺. Jedes Rezept besteht aus nur wenigen Zutaten, die du in heimischen Supermärkten, Bioläden oder auf dem Wochenmarkt easy einkaufen kannst, also ohne stundenlang von einem Spezialladen zum nächsten hetzen zu müssen. Stark verarbeitete Lebensmittel, Superfood von Übersee oder Light-Produkte, die nach nichts schmecken, wirst du in meinem Kochbuch nicht finden.

Ich habe die allermeisten Rezepte für eine Person ausgelegt und die Zutatenmengen dabei an handelsübliche Packungsgrößen und Haushaltsgeschirr angepasst, um das Kochen zu erleichtern. Nur wenige Rezepte sind für mehrere Portionen – hier erfährst du immer gleich, was du mit den übrigen Portionen machen kannst.

So sind Ausreden wie „Für mich alleine g'scheit kochen zahlt sich nicht aus" ab sofort ungültig.

* Diätologin/Diätologe ist ein gesetzlich anerkannter Gesundheitsberuf, der zu den medizinisch-technischen Diensten zählt. Diätologinnen/Diätologen sind die einzigen gesetzlich Befugten, die auch bei Menschen mit Erkrankungen eine Ernährungsberatung machen dürfen.

BIST DU SATT?

Da Sättigung nur langsam und zeitverzögert entsteht, solltest du beim Essen auf Folgendes achten:

- Nimm dir 20–30 Minuten Zeit, um ein Hauptgericht zu essen.
- Konzentriere dich auf das Essen und lass Handy, Fernseher oder die Zeitung währenddessen links liegen (noch besser: außer Sichtweite 😉).
- Iss langsam und kaue bewusst.
- Lege nach jedem Bissen das Besteck beiseite und nimm erst dann den nächsten Bissen in den Mund, wenn du runtergeschluckt hast.
- Genieße deine Mahlzeit und nimm die unterschiedlichen Aromen und Texturen der Speise wahr.

Willst du doch einmal für mehrere Personen kochen, kannst du die Zutatenmengen ganz einfach hochrechnen, also je nach Bedarf verdoppeln, verdreifachen oder vervierfachen. Da auch der eigene Hunger mal größer und mal kleiner ist, kannst du die Lebensmittelmengen für deine eigene Portion beliebig erhöhen oder verkleinern. Achte in diesem Fall darauf, dass alle Lebensmittelmengen an die veränderte Portionsgröße angepasst werden, damit das Verhältnis der einzelnen Zutaten stimmig bleibt. Dein Sättigungsgefühl wird dir verraten, ob die Portionsgröße angemessen war oder ob es als Abschluss noch ein Dessert sein darf.

Damit die Rezepte in diesem Buch nicht langweilig werden, gibt es viele Tipps für Abwandlungen bzw. wie du einzelne Zutaten gekonnt ersetzen kannst, um mehr Individualität und Kreativität beim Kochen zu ermöglichen.

Und noch etwas: Der Lebensmittelverschwendung wird der Kampf angesagt! Werden Lebensmittel bei einem Rezept nicht vollständig aufgebraucht, gibt es gleich passende Hinweise zur Weiterverwendung. Ich selbst koche mir sehr häufig die doppelte Portion eines Gerichtes, um die jeweiligen Lebensmittel aufzubrauchen und so auch am nächsten Tag eine schnelle, gesunde Mahlzeit zur Hand zu haben.

Da ich selbst gerne ein Bild vom Rezept sehe, das ich ausprobieren möchte, habe ich alle meine beschriebenen Speisen für dich fotografiert. Ich bin keine gelernte Fotografin, habe mich aber sehr bemüht, ansprechende, aber echte Aufnahmen zu machen. Ich hoffe, sie gefallen dir.

INFOBOX

Dieses Kochbuch ersetzt keine Ernährungsberatung, sondern unterstützt eine solche lediglich. Eine Ernährungsberatung bei Vorliegen einer ernährungsassoziierten Erkrankung darf in Österreich nur von Diätologinnen und Diätologen sowie Ernährungsmedizinerinnen bzw. Ernährungsmedizinern durchgeführt werden. Für eine Ernährungsberatung wendest du dich am besten an www.diaetologen.at/suche.

DAS TELLERMODELL

Das Tellermodell ist ein Tool für die Ernährungsbildung und Gesundheitsförderung, das von vielen verschiedenen Ernährungsgesellschaften und Institutionen in unterschiedlicher Ausführung erstellt wurde. Das Ziel ist, nicht nur das Wissen rund um eine ausgewogene Mahlzeitengestaltung weiterzugeben, sondern auch eine praktische, grafisch dargestellte Hilfestellung für eine ausgewogene Ernährung zu liefern. Eine Liste mit den verschiedenen Tellermodellen gibt es im Literaturverzeichnis (S. 196).

Die verschiedenen Tellermodelle unterscheiden sich in der Art der Darstellung, doch die Kernaussage ist immer dieselbe: Der Anteil an pflanzlichen Lebensmitteln wie Gemüse, Hülsenfrüchten, Obst und Getreideprodukten am Teller überwiegt, tierische Lebensmittel wie Fleisch, Fisch, Eier und Milchprodukte hingegen nehmen nur einen kleineren Platz am Teller ein.

In Anlehnung an die Tellermodelle der führenden Ernährungsgesellschaften habe ich eine eigene Variante für dieses Buch herausgearbeitet. Es setzt sich wie schon erwähnt aus vier Grundbausteinen zusammen, nämlich

- aus einem **halben Teller Gemüse, Salaten und/oder Obst** und
- **jeweils einem Viertelteller Eiweiß- und Kohlenhydratkomponente.**
- Nicht vergessen werden darf die **Fettkomponente** in Form von Nüssen, Samen und pflanzlichen Ölen, die als zusätzlicher Esslöffel bei meinem Tellermodell dargestellt ist.

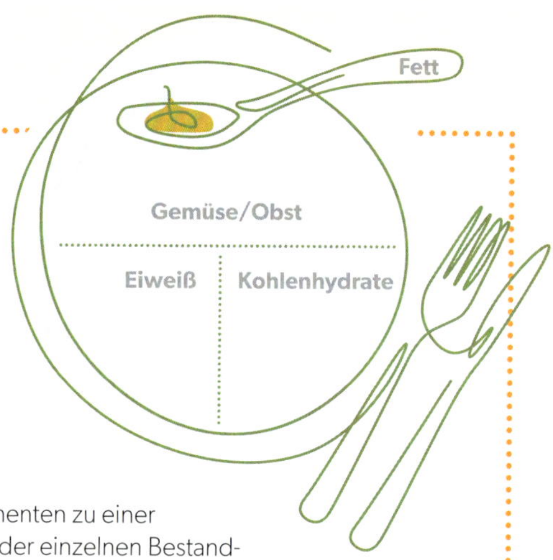

SCHNELL UND GESUND?! JA, DAS FUNKTIONIERT!

Die Idee für dieses Kochbuch hat ihren Ursprung in meinen Ernährungsberatungen. Darin geht es sehr häufig darum, wie Mahlzeiten optimal aufgebaut werden sollen, damit sie den Körper mit allen wichtigen Nährstoffen versorgen und dabei auch noch gut satt machen. Um das erklären und veranschaulichen zu können, arbeite ich gerne mit dem **Tellermodell.**

Das Tellermodell zeigt auf einfache Art und Weise, welche Komponenten zu einer ausgewogenen Mahlzeit gehören, und verdeutlicht das Verhältnis der einzelnen Bestandteile zueinander: Je ein Viertel des Tellers sollen die Kohlenhydratkomponente und die Eiweißquelle ausmachen und die restliche Hälfte des Tellers darf großzügig mit Gemüse, Salaten und/oder Obst befüllt werden. Nicht zu vergessen: Für eine ausgewogene Mahlzeit bedarf es auch eines Fettlieferanten, idealerweise eines Esslöffels davon. Warum die einzelnen Bausteine des ausgewogenen Tellers so wichtig sind und welche Lebensmittel in die einzelnen Kategorien fallen, ist ab S. 10 genauer beschrieben.

Somit ist dieses Tellermodell die ideale Grundlage für die Mahlzeitengestaltung einer mäßig aktiven, gesunden Person, die sich ausgewogen ernähren möchte. Aber auch bei manchen Erkrankungen wie Bluthochdruck oder Fettleber bzw. erhöhten Stoffwechselparametern wie Cholesterin, Harnsäure oder Blutzucker kann das Tellermodell die Basis für die Mahlzeitengestaltung sein. Genauere Informationen und an die jeweilige Erkrankung angepasste Ernährungsempfehlungen erhält man in einer individuellen Ernährungsberatung.

Die Rezepte sind für eine mäßig aktive, gesunde Person mit einem durchschnittlichen Energiebedarf von 2 000 Kilokalorien ausgelegt.

Das **Prinzip des Tellermodells kann für alle Hauptmahlzeiten,** also für das Frühstück, Mittag- und Abendessen, **angewendet werden.**

Wie viele Mahlzeiten am Tag gegessen werden (sollen), ist sehr individuell. Drei Hauptmahlzeiten in regelmäßigen Abständen sind aber eine gute Richtlinie, um den Nährstoffbedarf optimal decken und Heißhungerattacken vorbeugen zu können.

Da ich in meinen Beratungen immer wieder merke, dass die Umsetzung des Tellermodells trotzdem für viele schwierig ist, war es mir wichtig, dazu passende Rezepte zu entwickeln, um die Anwendung im Alltag so einfach wie möglich zu machen.

Vielen vermeintlich gesunden Rezepten aus dem Internet oder aus Kochbüchern fehlt die Basis der Tellermethode: Mal fehlt die Kohlenhydratkomponente, mal ist der Eiweißanteil zu niedrig und ganz oft kommt der Gemüseanteil zu kurz. Die Rezepte in diesem Buch sind so aufgebaut, dass alle Bausteine des Tellermodells in der optimalen Menge dabei sind. Ein kleines Bild des Tellermodells auf der Rezeptseite zeigt, welches Lebensmittel aus den einzelnen Kategorien in der Speise vorhanden ist und somit das Tellermodell erfüllt.

GEMÜSE, SALATE & OBST IM TELLERMODELL

Alle wissen, wie wichtig Gemüse und Obst in einer gesunden Ernährung sind. Nicht nur Vitamine und Mineralstoffe sind darin enthalten, sondern auch eine Menge an sekundären Pflanzenstoffen, Ballaststoffen und Wasser.

„Fünf am Tag“ lautet deshalb die Devise: **Drei Portionen Gemüse und zwei Portionen Obst täglich** sollen es sein. Eine Portion entspricht einer Handvoll bzw. einer geballten Faust (siehe S. 15). Die Ernährungswissenschaft ist sich darin einig: Der ausreichende Verzehr von Gemüse und Obst ist einer der wichtigsten Faktoren für die Gesunderhaltung unseres Körpers. Gemüse und Obst können das Leben verlängern, unser Herz schützen, die Darmgesundheit verbessern und das Risiko für viele Erkrankungen wie Bluthochdruck, koronare Herzkrankheit, Schlaganfall und Krebs senken.

Und: Gemüse und Obst machen richtig glücklich! Durch die vielen Ballaststoffe und sekundären Pflanzenstoffe wird unsere psychische Gesundheit gestärkt.

Aufgrund all dieser Tatsachen befüllst du am besten jeden Teller einer Hauptmahlzeit zur Hälfte mit Gemüse, Salaten und/oder Obst. Aber auch wenn zwischendurch der Hunger kommt, sind Gemüse und Obst ideal.

Ein kleiner Überblick zu Gemüsen, Salaten und Obst

Gemüse und Salate

Blattsalate
Brokkoli
Gurke
Karotte
Knoblauch
Kürbis wie Hokkaido
Paprika
Pilze wie Champignons
Radieschen
Rote Rüben (Rote Beete)
Spinat
Tomate
Zucchini
Zwiebel
... und viele mehr

Obst

Beerenobst wie Brombeere, Himbeere, Heidelbeere oder Erdbeere
Kernobst wie Apfel oder Birne
Steinobst wie Marille (Aprikose), Kirsche, Pfirsich oder Zwetschke
Zitrusfrüchte wie Orange oder Mandarine

SONDERFALL HÜLSENFRÜCHTE

Hülsenfrüchte wie Bohnen, Linsen oder Erbsen gehören zwar botanisch gesehen zur Kategorie Gemüse, können aber aufgrund der Inhaltsstoffe zu den Eiweiß- und Kohlenhydratlieferanten gezählt werden. Sie liefern im gegarten Zustand je nach Sorte

- zwischen 5–11 % Eiweiß (Soja und Sojaprodukte wie Tofu oder Tempeh enthalten sogar 15–18 %) und
- zwischen 10–20 % Kohlenhydrate.

Hülsenfrüchte sind also ein klassisches Beispiel dafür, dass Lebensmittel niemals nur einen Nährstoff, sondern immer eine Kombination aus mehreren Nährstoffen liefern.

Vor allem in einer vegetarischen und veganen Ernährung gewinnen Hülsenfrüchte als Eiweißquelle verstärkt an Bedeutung. In der Österreichischen Ernährungspyramide ohne Fisch und Fleisch bekommen Hülsenfrüchte deshalb sogar eine eigene Ebene zugeschrieben.

In meinen Rezepten, in denen Linsen, Kichererbsen oder Bohnen vorkommen, werden Hülsenfrüchte – auch in Anlehnung an die Empfehlung der Deutschen Gesellschaft für Ernährung – deshalb zur Eiweißkomponente gezählt. **Die Empfehlung dazu lautet, pro Woche mindestens vier Portionen Hülsenfrüchte und/oder daraus hergestellte Produkte** wie Tofu oder Tempeh einzuplanen.

Eine Portion entspricht einer Handvoll gegarter Hülsenfrüchte, einem handtellergroßen, fingerdicken Stück Tofu oder einer vergleichbaren Menge ähnlicher Fleischersatzprodukte.

EIWEISSKOMPONENTE IM TELLERMODELL

Eiweiß (= Protein) ist ein Hauptnährstoff und als Baustoff für unseren Körper besonders wichtig. Proteine sind wie Ziegeln: Sie werden für den Aufbau von Muskeln, Immunzellen, Haut, Haaren, Nägeln und vielen anderen Zellarten in unserem Körper benötigt. Da der Körper tagtäglich mit dem Aufbau und der Erneuerung von Zellen beschäftigt ist, sollte der Eiweißbedarf jeden Tag möglichst gut gedeckt werden. Der Eiweißbedarf liegt für gesunde, normalgewichtige Personen zwischen 19 und 65 Jahren bei 0,8 Gramm Eiweiß pro Kilogramm Körpergewicht. Der individuelle Eiweißbedarf kann jedoch je nach Aktivitätslevel, Erkrankungen oder Stoffwechsel variieren und in einer Ernährungsberatung festgelegt werden.

Eiweiß kommt in vielen verschiedenen Lebensmitteln vor, sowohl in pflanzlichen als auch in tierischen. Zu den Haupteiweißlieferanten in einer vegetarischen Ernährung zählen Eier, Milchprodukte und – vor allem in der veganen Ernährung wichtig – Hülsenfrüchte. Auch Getreideprodukte, Kartoffeln und Nüsse enthalten Eiweiß, in diesen Lebensmitteln überwiegt aber der Kohlenhydrat- bzw. Fettanteil, weshalb sie zu diesen Kategorien gezählt werden. In einer Mischkost kommen noch Fleisch und Fisch als Eiweißquellen hinzu.

Für eine ideale Versorgung deines Körpers mit Eiweiß planst du am besten über den Tag verteilt eiweißreiche Lebensmittel **bei den Hauptmahlzeiten** ein. Das Tellermodell veranschaulicht, dass **ein Viertel des Tellers mit der Eiweißkomponente** befüllt werden soll. In einer vegetarischen Ernährung sollen täglich drei Portionen ungezuckerte, von Natur aus fettarme Milchprodukte enthalten sein. Die Empfehlung lautet, dass zwei Portionen „weiße“ Milchprodukte wie Joghurt, Topfen oder Hüttenkäse gegessen werden sollen und eine Portion eines „gelben“ Milchproduktes, nämlich Käse. Bei Eiern dürfen es bis zu vier Stück in der Woche sein.

Milchprodukte enthalten auch Kohlenhydrate in Form von Milchzucker und Fett. Dennoch zählen Milchprodukte (mit Ausnahme von Butter und sehr fettreichen Milchprodukten wie Schlagobers/Schlagsahne) zur Kategorie Eiweißlieferanten.

Ein kleiner Überblick zu Eiweißlieferanten in einer vegetarischen Ernährung

Milchprodukte	Eier	Hülsenfrüchte
Butter-, Sauer-, Acidophilusmilch	Oder vegane Ei-Ersatzprodukte	Bohnen
Joghurt, Kefir		Erbsen, Erbsendrink
Hüttenkäse		Kichererbsen
Käse		Linsen
Milch		Soja und Sojaprodukte wie Sojagranulat, Edamame, Tofu, Tempeh, Sojajoghurt, Sojadrink
Topfen (Quark), Frischkäse, Skyr		

Liefert je nach Sorte auch einen beachtlichen Fettanteil!

KOHLENHYDRATBEILAGE IM TELLERMODELL

Kohlenhydrate seien böse, könnten dick machen und sollten nach 18 Uhr nicht mehr gegessen werden. Gerade um diese Nährstoffgruppe ranken sich viele Ernährungsmythen, die Kohlenhydrate in einem schlechten Licht dastehen lassen.

Aber es sei eines gesagt: Kohlenhydrate sind der wichtigste Energielieferant für unseren Körper. Es wäre also schade (und unnötig), diese Nährstoffgruppe aus der eigenen Ernährung zu streichen.

Vor allem ballaststoffreiche Kohlenhydratlieferanten wie Vollkornprodukte, Kartoffeln, Hirse oder ganze Getreidekörner haben es in sich! Sie machen lange satt, sind ein wahrer Segen für eine träge Verdauung und können den Blutzuckerspiegel konstant halten. So gehören Heißhungerattacken der Geschichte an.

Ballaststoffreiche Kohlenhydratlieferanten planst du also aufgrund der zahlreichen positiven Effekte für deine Gesundheit bei jeder Hauptmahlzeit mit ein. **Ein Viertel des Tellers** soll damit befüllt werden.

Zur Nährwertangabe „davon Zucker" musst du eines wissen: Es wird dabei nicht unterschieden, ob es natürlicher Milch- oder Fruchtzucker oder ein Süßungsmittel (Zucker, Honig, Vanillezucker) ist. Wenn der Zuckeranteil hoch erscheint, heißt das noch lange nicht, dass die Speise „ungesund" ist, denn natürlich mit Proteinen und Ballaststoffen „verpackter" Zucker (z. B. in Milchprodukten oder Obst) wird vom Stoffwechsel anders verwertet.

Ein kleiner Überblick zu ballaststoffreichen Kohlenhydratlieferanten

Buchweizen	Kartoffeln, Gnocchi	Vollkornbrot, Vollkorngebäck
Getreideflocken aus Hafer, Dinkel, Buchweizen, Einkorn, Hirse	Polenta	Vollkorncouscous, Vollkornbulgur
Dinkelreis, Einkornreis, Naturreis	Quinoa, Amaranth	Vollkornnudeln
Hirse	Vollkornbrösel	Vollkornmehl (für Knödel, Spätzle und Teige)

INFOBOX

Dinkel oder Weizen, was ist gesünder?
Egal, Hauptsache Vollkorn! Am besten ist es, wenn zwischen den Getreidesorten durchgewechselt wird – also von Dinkel über Einkorn und Hafer zu Weizen.

Damit du auf die empfohlenen fünf Portionen Getreideprodukte am Tag kommst, können je nach Bedarf noch ein bis zwei Zwischenmahlzeiten hinzukommen.

FETTLIEFERANTEN BEIM TELLERMODELL

Hormonproduktion, Energielieferung und -speicherung oder die Aufnahme von fettlöslichen Vitaminen und essenziellen Fettsäuren: Das sind nur ein paar der zahlreichen wichtigen Funktionen von Fetten in unserem Körper.

Fett ist also keineswegs der Buhmann in der Ernährung, sondern ein echter Superstar. Zudem reichen, obwohl Fett in so vielen Stoffwechselprozessen benötigt wird, kleine Mengen davon aus. 30 % der täglichen Energiemenge sollten laut Deutscher, Österreichischer und Schweizerischer Gesellschaft für Ernährung über Fett gedeckt werden. Das sind umgerechnet 60 Gramm Fett pro Tag für Frauen und 80 Gramm für Männer. Das bedeutet für die Praxis: **Zwei Esslöffel pflanzliches Öl** sollen **täglich** verwendet werden. Welche Öle empfehlenswert sind, siehst du in der nachfolgenden Tabelle.

Auch **Nüsse und Samen** zählen zu den Fettlieferanten. Sie sind ideal als Topping über Müslis, Salaten oder Hauptspeisen. Einer der zwei empfohlenen Esslöffel Öl pro Tag kann also gerne durch Nüsse und Samen ersetzt werden. **Zwei Esslöffel bzw. 20 g davon entsprechen einer Portion.**

Der restliche Fettbedarf wird über sogenanntes verstecktes Fett gedeckt, das in Milchprodukten, Eiern, ölhaltigen Früchten wie Oliven oder Avocados und verschiedenen verarbeiteten Produkten enthalten ist.

Vor allem Butter, Mascarpone, Crème Fraîche und Schlagobers (Schlagsahne) sind fettreiche Milchprodukte (tierisches Fett!). Daher findest du in meinen Rezepten magere Milchprodukte wie Naturjoghurt, Topfen (Quark), Skyr, Schafskäse oder Hüttenkäse. Käse enthält neben Eiweiß auch relativ hohe Fettmengen, weshalb er beim Tellermodell der Eiweiß- und Fettkategorie zugeordnet ist.

Ein kleiner Überblick zu pflanzlichen Fettlieferanten

Nüsse wie Wal- oder Haselnüsse	Pflanzliche Öle wie Raps-, Oliven-, Walnuss- oder Leinöl
Mandeln	Samen wie Lein- oder Hanfsamen, Kerne wie Kürbis- oder Sonnenblumenkerne

PORTIONSGRÖSSEN PRO HAUPTMAHLZEIT UND PORTION AUF EINEN BLICK

An diesen Grammangaben habe ich mich auch in meinen Rezepten orientiert. Bei manchen Lebensmitteln wie z. B. Naturjoghurt habe ich aber bewusst eine ganze Verpackungseinheit gewählt, damit nichts verschwendet wird.

Lebensmittel	Einheit	Grammangaben
Gemüse (roh)	Eine Handvoll	100–200 g
Obst (roh)	Eine Handvoll	125–150 g
Hülsenfrüchte (roh)	Eine Handvoll	60–70 g
Tofu	Ein Handteller, fingerdick	80 g
Brot, Gebäck	Eine Handfläche	50–70 g
Getreideflocken	Eine Handvoll (5–6 Esslöffel)	50–60 g
Kohlenhydratreiche Lebensmittel wie Nudeln, Reis, Couscous, Hirse, Buchweizen (roh)	Eine Handvoll (3–5 Esslöffel)	50–60 g (bei Nudeln 50–80 g)
Hüttenkäse, Topfen (Quark), Skyr, Joghurt (auch als Aufstrich bzw. Dessert)	Eine Handvoll bzw. ein Glas/Becher	150–200 g
Nüsse, Kerne, Samen	2 Esslöffel	20–30 g

INFOBOX

Zur Erklärung, was ich mit Handvoll, Handfläche und Handteller meine:

TIPPS FÜR DEINEN EINKAUF

Achte beim Planen deiner Mahlzeiten darauf, österreichische Ware je nach Saison einzukaufen. Ich würde dir außerdem empfehlen, **so oft als möglich Bioqualität** zu wählen. Biolebensmittel sind nicht nur umweltschonender, sondern enthalten mehr wichtige Nährstoffe wie Omega-3-Fettsäuren bei gleichzeitig geringeren Rückständen von Pflanzenschutzmitteln.

EINKAUFSLISTE

Bevor es mit dem Kochen losgehen kann, musst du die benötigten Lebensmittel einkaufen. Einen Überblick über Zutaten, die du für meine Rezepte brauchst, findest du in der nachfolgenden Einkaufsliste. Viele davon kannst du einfach über längere Zeit auf Vorrat (✓) lagern, andere kannst du nur zeitnah besorgen (✓) und sie müssen vielleicht rasch verbraucht werden (die Zutatenliste ab S. 190 hilft dir dabei).

Trockenprodukte

- ✓ Vollkornmehl (Dinkel, Weizen oder Einkorn)
- ✓ Vollkorngrieß (oder Dinkelgrieß)
- ✓ Vollkorncouscous (oder Hirse ganz)
- ✓ Polenta (Maisgrieß)
- ✓ Buchweizen (ganz)
- ✓ Getreideflocken (z. B. Hafer-, Dinkel-, Buchweizenflocken)
- ✓ Vollkornnudeln (z. B. Spaghetti, Fusili)
- ✓ Gnocchi (bevorzugt Vollkorn)
- ✓ Vollkorntoast
- ✓ Vollkornbrösel
- ✓ Rote Linsen roh, also trocken
- ✓ Nüsse (z. B. Walnüsse, Haselnüsse), ganz bzw. gerieben (ungesalzen!)
- ✓ Samen bzw. Kerne (z. B. Kürbis-, Pinien-, Cashew- bzw. Sonnenblumenkerne, Hanf- bzw. Leinsamen)
- ✓ Müslimischung (z. B. Basis-, Früchte-, Bircher-, Nussmüsli)
- ✓ Zucker (Kristall- und Staubzucker/Puderzucker)
- ✓ Vanillezucker
- ✓ Backpulver (bevorzugt Weinsteinbackpulver)
- ✓ Trockenhefe
- ✓ Backkakao
- ✓ Vanillepuddingpulver
- ✓ evtl. Hefeflocken
- ✓ Bitterschokolade (mind. 70 % Kakaoanteil)
- ✓ Vollkornbiskotten (Vollkorn-Löffelbiskuit)
- ✓ Mohn, gemahlen
- ✓ Kaffee(pulver)

Getreideprodukte sind bei trockener, kühler, dunkler Lagerung mehrere Monate bis zu einem Jahr haltbar – am besten luftdicht verschließen.

Gemüse

- Zwiebel
- Knoblauch
- Karotten
- Tomaten, frisch
- Salatgurke
- Paprika
- Zucchini
- Champignons
- Saisonales Gemüse (z. B. Spargel, frischer Spinat, Radieschen, Kohlrabi, Aubergine, Hokkaido-Kürbis, Süßkartoffel)
- Blattsalate (z. B. Baby-Spinat, Rucola)
- Sprossen (z. B. Kresse)
- Tiefkühl-Erbsen
- Tiefkühl-Spinat
- Vorgegarte Rote Rüben (vakuumiert, gekühlt)
- Passierte Tomaten (Dose, Glas bzw. Packung)
- Stückige Tomaten (Dose, Glas bzw. Packung)
- Mais (Dose oder Glas)
- Bohnen (z. B. weiße bzw. Käferbohnen, Dose oder Glas)
- Kichererbsen (Dose oder Glas)
- Tomaten, getrocknet (ohne Öl, im Beutel)

Obst

- Apfel
- Apfelmus, ungesüßt (Glas)
- Zitrone
- Zitronensaft (Glas)
- Tiefkühlbeeren
- Saisonales Obst (z. B. frische Beeren, Marille/Aprikose, Kirschen, Pfirsich, Zwetschke, Pflaume, Orange)

Bei den Frischeprodukten passt du am besten deinen Einkauf deiner Planung für die nächsten Tage an und lagerst jede Sorte bedarfsgerecht (also z. B. im Kühlschrank, kühl und dunkel im Vorratsraum oder im Obstkorb).

Eier und Milchprodukte (bzw. vegane Ersatzprodukte)

- Eier bzw. vegane Ersatzprodukte
- Milch (bis 3,5 % Fett) bzw. Pflanzendrink nach Wahl
- Buttermilch (bzw. Sauer-, Acidophilusmilch, flüssiger Kefir) bzw. veganes Ersatzprodukt
- Naturjoghurt (bis 3,5 % Fett) bzw. Sojajoghurt
- Skyr (bis 1 % F. i. T.) bzw. Soja-Skyr (oder magerer Frischkäse)
- Joghurt nach griechischer Art (bis 2 % Fett) oder veganes Ersatzprodukt
- Topfen (Quark) (bis 20 % F. i. T.) oder veganes Ersatzprodukt
- Frischkäse natur (bis 45 % F. i. T.) oder veganes Ersatzprodukt
- Hüttenkäse (bis 20 % F. i. T.) oder veganes Ersatzprodukt
- Schafskäse in Lake (bis 45 % F. i. T., z. B. Feta) oder Hirtenkäse (Kuhmilch) bzw. veganes Ersatzprodukt
- Mozzarella (bis 45 % F. i. T., als Kugel, geschnitten bzw. gerieben) oder veganes Ersatzprodukt
- Grillkäse
- evtl. Tofu

F. i. T. heißt Fett in der Trockenmasse. Dieser Wert hilft leider wenig beim Vergleich des tatsächlichen Fettgehalts der Produkte. Achte deshalb auf die Fettangabe in der Nährwerttabelle auf der Rückseite der Verpackungen.

Trockene Lagerung erhält langfristig die Qualität.

Kräuter, Gewürze und Würzmittel

- ✓ Kräuter, frisch (z. B. Petersilie, Schnittlauch, Dille, Basilikum, Minze, Salbei)
- ✓ Kräuter(mischungen), tiefgekühlt (z. B. Petersilie, italienische Kräutermischung)
- ✓ Blüten, frisch (z. B. Gänseblümchen, Stiefmütterchen)
- ✓ Gemüsebrühepulver
- ✓ Salz
- ✓ Pfeffer
- ✓ Paprika(pulver)
- ✓ Oregano, gerebelt
- ✓ Ingwer(pulver)
- ✓ Knoblauch(pulver)
- ✓ Kreuzkümmel (Cumin, gemahlen)
- ✓ Gewürzmischungen (z. B. Ras el-Hanout, Pizzagewürz oder Chili-con-Carne-Gewürzmischung)
- ✓ Zimt(pulver)
- ✓ Nelken(pulver)
- ✓ Vanille (gemahlen)
- ✓ Senf
- ✓ Honig bzw. Ahornsirup
- ✓ Tomatenmark
- ✓ Tahini (Sesammus)
- ✓ Nussmus

Essig, Öl

- ✓ Essig (z. B. Balsamico-, Apfelessig)
- ✓ Rapsöl (raffiniert)
- ✓ Oliven-, Lein-, Kürbiskern- bzw. Walnussöl (kaltgepresst, bevorzugt in kleinen Flaschen)

Non-Food-Artikel

- ✓ Backpapier
- ✓ Gläser mit Schraubverschluss (ca. 500 ml)

INFOBOX

Allergien vorhanden?

Bei allen Rezepten findest du die nötigen Informationen zu enthaltenen Allergenen laut Codex-Empfehlung – also den Buchstabencode samt der Kurzbezeichnung. Mehr findest du unter www.trauner.at/allergenliste

FRÜHSTÜCK

Start your day right!

Frühstücken wie ein Kaiser, Mittagessen wie ein König und Abendessen wie ein Bettler: Dieses Sprichwort kennen bestimmt viele. Doch während die einen ohne ausgiebiges Frühstück nicht außer Haus gehen, geben sich andere mit einem schnellen Kaffee zufrieden und lassen das Frühstück lieber ganz sausen. Dazwischen gibt es viele Varianten wie schnelles, kleines oder auch spätes Frühstück, süß oder pikant – aber was davon ist richtig?

So wie es in der Ernährungswissenschaft häufig der Fall ist, kann diese Frage nicht einfach mit einem Satz beantwortet werden. Es stimmt auf alle Fälle, dass der Körper am Morgen Energie und Nährstoffe braucht, um für den Tag gewappnet zu sein. Unser Immunsystem, unser Stoffwechsel, unser Leistungslevel und unsere Konzentrationsfähigkeit können davon immens profitieren. Wenn du also in der Früh bereits Hunger verspürst, bereite dir ein buntes, ausgewogenes Frühstück zu – am besten nach dem Tellerprinzip, egal ob pikant oder süß.

Du hast morgens noch keinen Hunger? Dann verlege gerne die morgendliche Mahlzeit auf den Vormittag und starte deinen Tag mit einem warmen Getränk. Overnight Oats, Buchweizengranola, Radieschen-Hüttenkäse-Sandwich oder auch ein selbst gebackenes Müsliweckerl (die Rezepte findest du auf den nächsten Seiten) kannst du problemlos für später mitnehmen. So plünderst du garantiert nicht den nächsten Süßigkeitenautomaten bei Magenknurren am Vormittag.

Oder versuchst du, mit zwei bis drei Tassen Kaffee den Vormittag zu überstehen und erst zu Mittag zu essen, weil du Kalorien sparen und deine Zellreinigung verbessern willst? In der Theorie funktioniert das, doch die Praxis sieht meist anders aus. Hast du jahrelang auf dein Frühstück verzichtet, verspürst du tatsächlich in der Früh keinen Hunger mehr – das hast du dir einfach abgewöhnt. Doch der Hunger kommt bestimmt! Wahrscheinlich haust du mittags und abends so richtig rein und wirst vielleicht zwischendurch auch noch von Heißhunger geplagt – versuche es also doch mal mit einem ausgewogenen Frühstück.

Drei regelmäßige Mahlzeiten über den Tag verteilt sind ideal, um voll leistungsfähig zu sein, Heißhungerattacken vorzubeugen, das Sättigungsempfinden über den Tag zu bessern und damit Überessen und Völlegefühl bei anderen Mahlzeiten zu vermeiden.

APFELMÜSLI

Der Hit für alle, die immer wieder unter Verdauungsbeschwerden leiden – durch das Einweichen der Getreideflocken ist das Müsli besonders bekömmlich. Außerdem wird dadurch die in den Flocken enthaltene Phytinsäure abgebaut. Das ist ein sekundärer Pflanzenstoff, der die Aufnahme von Mineralstoffen im Darm erschweren kann.

Zubereitungszeit
10 Minuten

Allergenkennzeichnung
A Gluten G Milch H Nüsse

Für eine vegane Variante kannst du statt Naturjoghurt ein Bio-Sojajoghurt verwenden.

ZUTATEN

5 EL (50 g) feinblättrige Getreideflocken (z. B. Haferflocken)
1 EL (15 g) geriebene Nüsse
1 Prise Zimt
5 EL (150 g) ungesüßtes Apfelmus
1 kleiner Becher (250 g) Naturjoghurt

Was du außerdem benötigst:
Ein Glas mit Schraubverschluss (ca. 500 ml)

NÄHRWERTE

Für diese eine Portion
2 175 kJ / 519 kcal
20,2 g Fett
davon 7,7 g gesättigte Fettsäuren
58,4 g Kohlenhydrate
davon 26,9 g Zucker
6,87 g Ballaststoffe
20,5 g Eiweiß
0,31 g Salz

ZUBEREITUNG

1. Getreideflocken, Nüsse und Zimt in eine Schüssel geben und vermengen.
2. 1 EL Apfelmus hinzufügen und verrühren, sodass eine klebrige Masse entsteht.
3. Und schon kann mit dem Schichten begonnen werden: Eine Hälfte der Getreideflockenmasse auf den Boden des Schraubglases geben, sodass dieser bedeckt ist.
4. Als nächste Schicht die Hälfte des Joghurts einfüllen, darauf 2 EL Apfelmus geben.
5. Die restliche Getreideflockenmasse einfüllen und darauf das Joghurt geben.
6. Mit 2 EL Apfelmus abschließen und mit dem Deckel verschließen.
7. Das Glas am besten über Nacht in den Kühlschrank stellen.

TIPP!

Geriebene Nüsse verderben schnell und sind anfällig für Schimmel. Kaufe also geriebene Nüsse nur in kleinen Mengen und lagere sie nach dem Öffnen luftdicht verschlossen und gekennzeichnet mit dem Datum der Öffnung maximal vier Wochen im Kühlschrank.

RESTLOS GLÜCKLICH!

Dir bleibt Apfelmus übrig? Kein Problem! Apfelmus hält gut verschlossen ein paar Tage im Kühlschrank. Um es aufzubrauchen, kannst du damit ein **Buchweizengranola** (S. 22) machen oder du isst es zu einem **Kaiserschmarrn** (S. 172).

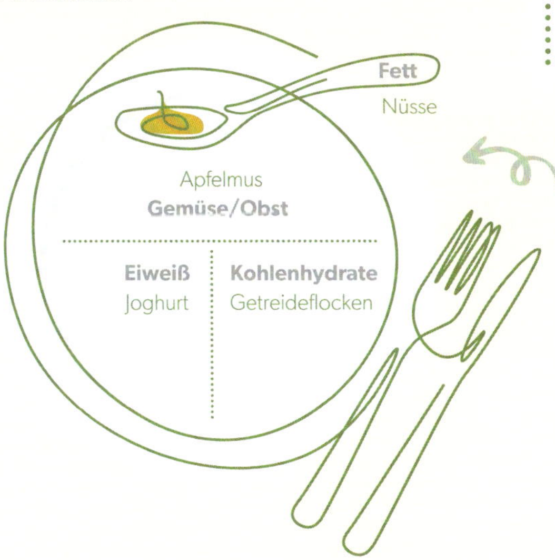

Ungesüßtes Apfelmus gibt es in allen Supermärkten zu kaufen. Achte auf die Aufschrift: „ohne Zuckerzusatz“, „ungesüßt“ oder „ungezuckert“. Natürlich kannst du Apfelmus auch aus frischen Äpfeln selbst machen. Ein Rezept dafür gibt es in meinem Backbuch „Süß UND gesund!? Birgit backt's“.

BUCHWEIZENGRANOLA

Zubereitungszeit	Backzeit	Portionen	Allergenkennzeichnung
10 Minuten	20–30 Minuten	10	A Gluten evtl. H Nüsse

Bei diesem Rezept kannst du die Getreideflocken, Nüsse und Samen nach Lust und Laune variieren. Hafer-, Dinkel- oder Buchweizenflocken, Wal- oder Haselnüsse, Sonnenblumen- oder Kürbiskerne: Dank der vielen Möglichkeiten wird dieses Rezept bestimmt nicht langweilig.

ZUTATEN

10 EL (150 g) Buchweizenkörner
5 EL (50 g) Getreideflocken (z. B. Haferflocken)
5 EL (75 g) Nüsse und Samen (z. B. Sonnenblumenkerne, gehackte Walnüsse)
2 EL (60 g) ungesüßtes Apfelmus
1 EL (30 g) Honig
1 EL (10 ml) Rapsöl
etwas gemahlene Gewürze (z. B. Zimt, Nelken, Ingwer, Kakao)

NÄHRWERTE

Pro Portion
726 kJ / 173 kcal
6,5 g Fett
davon 1,1 g gesättigte Fettsäuren
21,4 g Kohlenhydrate
davon 3,9 g Zucker
3,41 g Ballaststoffe
5,7 g Eiweiß
0,01 g Salz

Für eine rein pflanzliche Variante kannst du statt Honig Ahornsirup verwenden.

TIPP!

Das Granola eignet sich auch zum Mitnehmen: Dafür gibt es praktische Müsli-to-go-Becher, bestehend aus einem Behälter für das Joghurt und das Obst und einem Extraabteil für das Granola. So bleibt das Granola auch unterwegs wunderbar knusprig!

Für ein ausgewogenes Frühstück brauchst du als Eiweißquelle eine Portion Naturjoghurt, Buttermilch, Kefir, Sojajoghurt oder Erbsendrink, eine Handvoll Obst als Vitamin- und Ballaststoffkomponente und hinzu kommen 2–3 EL Buchweizengranola, das Kohlenhydrate und Fett liefert.

TIPP!

Das Granola bleibt in einem luftdicht verschlossenen Behälter zwei bis drei Wochen lang knusprig. So kannst du dir auch an stressigen Tagen mit Joghurt und Obst ein schnelles Müsli zusammenstellen.

Durch das Rösten im Ofen wird der Buchweizen besonders knusprig und sorgt für einen Extra-Crunch im Müsli.

ZUBEREITUNG

1. Ofen auf 180 °C Ober- und Unterhitze vorheizen.
2. Ein Backblech mit Backpapier belegen.
3. Buchweizen in ein Sieb geben und unter fließendem, warmem Wasser gut durchspülen.
4. Alle Zutaten in eine Schüssel geben und verrühren.
5. Granolamischung gleichmäßig auf dem Backblech verteilen und in den Ofen geben.
6. Nach zehn Minuten Blech herausnehmen und Granolamischung wenden, sodass sie gleichmäßig geröstet wird.
7. Diesen Vorgang noch ein- bis zweimal wiederholen, bis das Granola rundum goldbraun gebacken ist.
8. Granola aus dem Ofen nehmen und auf dem Blech vollständig auskühlen lassen, damit es schön knusprig wird.

VORTEILE VON BUCHWEIZEN AUF EINEN BLICK

Buchweizen ...

- **gilt als heimisches Superfood:** Er hat viele Vitamine und Mineralstoffe. Buchweizen liefert zudem eine Menge Eisen, Magnesium und Kalium und wirkt dank des hohen Vitamin-E-Gehaltes sowie der enthaltenen Antioxidantien als Zellschutzpolizei.

- **macht lange satt:** Buchweizen weist eine ideale Kombination an Eiweiß, Kohlenhydraten und Ballaststoffen auf, die für eine optimale Sättigung sorgt.

- **bringt Abwechslung in deine Mahlzeiten:** Buchweizen ist ein echter Tausendsassa in der Küche und kann sowohl pikant als auch süß zubereitet werden. Ob ganz, geschrotet oder vermahlen – aus Buchweizen lassen sich viele leckere Gerichte zaubern, wie Laibchen, Gemüsepfannen, Eintöpfe oder Aufläufe, aber auch Toppings für Müsli (S. 22) bzw. Salat (S. 78) oder süße Gerichte sowie Mehlspeisen können damit zubereitet werden. Ein Rezept für eine Buchweizentorte gibt es in meinem Backbuch „Süß UND gesund?!".

- **ist bekömmlich:** In der Buchweizenschale befindet sich dennoch ein unerwünschter Pflanzenstoff, Fagopyrin genannt, der die Haut bei übermäßigem Verzehr empfindlich gegenüber Sonnenstrahlen machen kann. Deshalb gibt es Buchweizen im Handel meist in geschälter Form (entweder ganz, geschrotet oder als Mehl). Ganze oder geschrotete Buchweizenkörner sollen auf alle Fälle vor der Verwendung immer noch in einem Sieb heiß abgespült werden.

- **ist glutenfrei:** Buchweizen ist nämlich ein Pseudogetreide – gehört also nicht zur klassischen Getreidefamilie, wird aber ähnlich verwendet.

- **wird in Österreich angebaut:** Es gibt ihn aus heimischem Bio-Anbau und er ist somit eine regionale Alternative zu Reis, Amaranth oder Quinoa.

OVERNIGHT OATS

Über-Nacht-Haferbrei

Zubereitungszeit 10 Minuten

Stehzeit 1 Nacht

Allergenkennzeichnung
A Gluten G Milch evtl. H Nüsse

Statt Skyr kannst du auch 4 EL (= 100 g) Naturjoghurt oder Sojajoghurt verwenden.

ZUTATEN

2 EL (100 g) Skyr (magerer Frischkäse) oder Soja-Skyr
100 ml Wasser
5 EL (50 g) feinblättrige Haferflocken oder andere Getreideflocken deiner Wahl
1 Prise Süße nach Belieben (z. B. Zucker, Vanillezucker)

Topping

1 Handvoll (ca. 150 g) frische Früchte (z. B. Beeren)
1 EL (15 g) Nüsse oder Samen

Was du außerdem benötigst:
Ein Glas mit Schraubverschluss (ca. 500 ml)

NÄHRWERTE

Für diese eine Portion
1 732 kJ / 412 kcal
11,5 g Fett
davon 2,1 g gesättigte Fettsäuren
47,7 g Kohlenhydrate
davon 17,5 g Zucker
8,76 g Ballaststoffe
23,8 g Eiweiß
0,62 g Salz

ZUBEREITUNG

1. Am Vorabend Skyr und Wasser in das Schraubglas geben und mit einer Gabel verquirlen.
2. Haferflocken und Zucker nach Belieben hinzufügen und verrühren.
3. Glas mit dem Deckel verschließen und über Nacht in den Kühlschrank stellen.
4. Am nächsten Tag mit frischen Früchten und Nüssen oder Samen toppen.

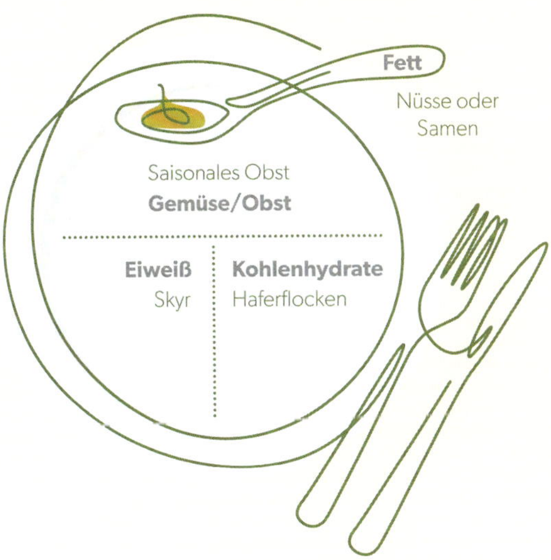

TIPP!

Du hast in der Früh keine Zeit, um ein ausgewogenes Frühstück zuzubereiten? Macht nichts, denn mit diesem Rezept ist das Problem gelöst. Die Overnight Oats können am Vorabend schnell und einfach vorbereitet werden, sodass am nächsten Morgen nur noch Früchte und Toppings hinzugefügt werden müssen. Einem ausgewogenen Frühstück steht also nichts mehr im Weg.

RESTLOS GLÜCKLICH!

Skyr kann nach dem Öffnen zwei bis drei Tage im Kühlschrank aufbewahrt werden. Für Dips, Desserts oder Aufstriche ist er aufgrund seiner cremigen Konsistenz eine ideale Zutat.

VORTEILE VON SKYR AUF EINEN BLICK

Skyr ...

- **gibt es mittlerweile in allen heimischen Kühlregalen:** Skyr ist ein Frischkäse, der ursprünglich aus Island stammt. Skyr wird aus teilentrahmter Kuhmilch und Milchsäurebakterien – mittlerweile auch in Österreich – hergestellt.

- **liefert mehr Eiweiß, aber weniger Fett:** Skyr ähnelt geschmacklich einem klassischen Naturjoghurt, ist jedoch besonders eiweißreich (9–11 %) bei gleichzeitig niedrigem Fettgehalt (0,1–0,5 %). Dadurch ist er besonders in der Sportszene als Fitnesssnack beliebt.

- **ist ein wahrer Allrounder:** In der gesunden Küche verdient er beim Kochen und Backen genauso wie bei kalten Zubereitungen einen Fixplatz.

- **ersetzt locker fettreiche Milchprodukte:** wie Sauerrahm (saure Sahne), Crème Fraîche, Mascarpone und oft auch Schlagobers (Schlagsahne). So kann der Anteil an gesättigten Fettsäuren in der Ernährung auf einfache Art und Weise reduziert werden.

- **gibt es auch vegan:** Alternative Produkte aus Soja bieten rein pflanzlichen Ersatz.

VANILLEPUDDING-OATS

Zubereitungszeit
15 Minuten

Allergenkennzeichnung
A Gluten G Milch evtl. H Nüsse

Ein Rezept für ein selbst gemachtes Vanillepuddingpulver gibt's in meinem Backbuch „Süß UND gesund?! Birgit backt's".

ZUTATEN

5 EL (50 g) feinblättrige Haferflocken
150 ml Wasser
100 ml Milch oder Pflanzendrink
1 1/2 TL (7 g) Vanillepuddingpulver
2 EL (100 g) Topfen (Quark) 20 % F. i. T.
1 Prise Süße nach Belieben (z. B. Zucker, Vanillezucker)

Topping

1 Handvoll (ca. 150 g) frisches Obst je nach Saison (z. B. Himbeeren)
1 EL (15 g) Nüsse oder Samen

NÄHRWERTE

Für diese eine Portion
2 395 kJ / 570 kcal
18,5 g Fett
davon 7,5 g gesättigte Fettsäuren
70,7 g Kohlenhydrate
davon 29,4 g Zucker
7,49 g Ballaststoffe
25,7 g Eiweiß
0,23 g Salz

TIPP!

Hier keinen Honig zum Süßen verwenden: Das macht den Haferbrei wieder dünnflüssiger.

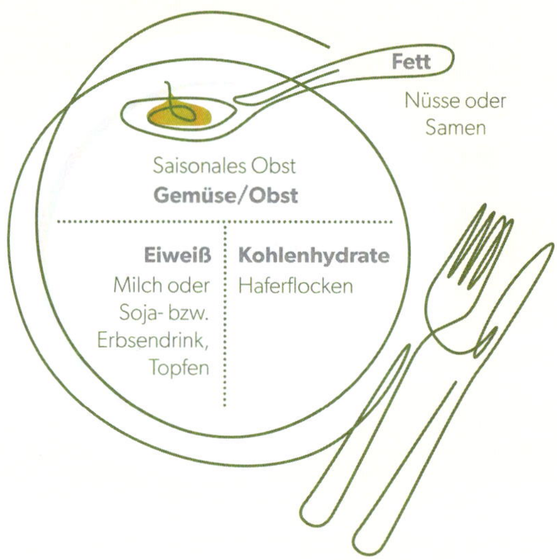

TIPP!

Wer es morgens immer eilig hat bzw. sich nicht die Zeit nehmen möchte, in der Früh am Herd zu stehen, kann die Vanillepudding-Oats bereits am Vorabend zubereiten.

ZUBEREITUNG

1. Haferflocken in einen Topf geben und auf dem Herd bei mittlerer Hitze kurz rösten, bis sie leicht nussig duften (Achtung: Nicht zu dunkel werden lassen!).
2. Mit 100 ml Wasser und Milch aufgießen und aufkochen lassen.
3. Haferflocken für drei bis fünf Minuten leicht köcheln lassen. Dabei immer wieder umrühren, sodass nichts am Boden anbrennt.
4. Währenddessen Puddingpulver in 50 ml Wasser glatt rühren.

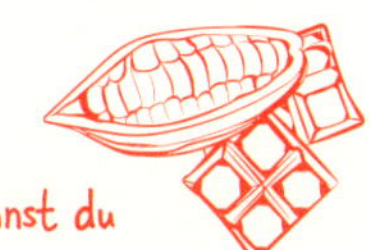

Für einen Schoko-Haferbrei kannst du Schokopuddingpulver verwenden bzw. eine Prise Backkakao unterrühren und mit Kakao-Nibs oder 10 g geriebener Bitterschokolade mit mindestens 70 % Kakaoanteil toppen.

5. Aufgelöstes Puddingpulver zu den Haferflocken in den Topf geben und gut unterrühren.
6. Eine Minute unter Rühren kochen lassen, bis eine sämige Konsistenz entsteht.
7. Topf von der Herdplatte nehmen und Haferbrei kurz abkühlen lassen.
8. Sobald der Haferbrei etwas abgekühlt ist, Topfen einrühren und nach Belieben süßen.
9. Haferbrei in eine Schüssel geben und mit frischen Früchten und Nüssen oder Samen toppen.

Rührst du den Topfen sofort in den heißen Haferbrei, stockt das Eiweiß im Topfen – not so good. Währenddessen kannst du einfach deine Morgenroutine im Bad erledigen. Bis du damit fertig bist, hat der Brei die ideale Temperatur.

MEDITERRANES GEMÜSEOMELETT

Zubereitungszeit
15–20 Minuten

Allergenkennzeichnung
C Ei G Milch

ZUTATEN

150 g gemischtes Gemüse (z. B. Champignons, Paprika, Zucchini)
1 TL (5 ml) Rapsöl
2 Eier
2 EL (20 ml) Wasser
Salz, Pfeffer
1 TL (5 g) gehackte italienische Kräuter (frisch oder getrocknet)

Topping
1 EL (15 g) Samen (z. B. Sonnenblumenkerne)
1 EL (10 g) zerbröselter Schafskäse in Lake (z. B. Feta)

NÄHRWERTE

Für diese eine Portion
1 549 kJ / 373 kcal
26,3 g Fett
davon 6,1 g gesättigte Fettsäuren
8,7 g Kohlenhydrate
davon 6,7 g Zucker
4,45 g Ballaststoffe
22,9 g Eiweiß
0,74 g Salz

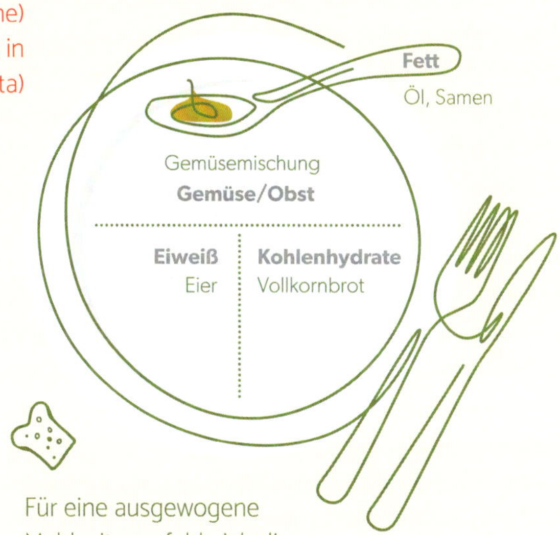

Für eine ausgewogene Mahlzeit empfehle ich dir, zum Gemüseomelett ein **Vollkornbrot** (S. 48) in der Größe einer Handfläche zu essen.

ZUBEREITUNG

1. Gemüse waschen und klein schneiden.
2. In einer beschichteten Pfanne Rapsöl erhitzen und das Gemüse darin ca. fünf bis zehn Minuten bissfest braten.
3. Eier in eine Schüssel aufschlagen und mit Wasser, Salz, Pfeffer und Kräutern verquirlen.
4. Gemüse aus der Pfanne auf einen Teller geben und evtl. warm stellen.
5. Pfanne wieder auf die heiße Herdplatte zurückstellen und die Platte auf niedrige Stufe zurückdrehen.
6. Eimasse in die Pfanne geben und ca. fünf Minuten stocken lassen.
7. Das Omelett auf einen Teller geben. Das gebratene Gemüse auf einer Omeletthälfte verteilen und die zweite Hälfte darüberklappen.
8. Mit Samen und Schafskäsebrösel toppen.

Dieses Rezept passt nicht nur als Frühstück, sondern auch als schnelles Mittag- oder Abendessen.

TIPP!

Du kannst aus diesem Rezept auch ein Gemüse-Rührei zubereiten. Dafür das Gemüse wie im Rezept beschrieben anbraten, Eier ebenso verquirlen, aber diese gleich in die Pfanne über das Gemüse gießen. Eimasse kurz stocken lassen und mit einem Pfannenwender umrühren, bis das Rührei die gewünschte Konsistenz hat.

VORTEILE VON EI AUF EINEN BLICK

Eier ...

- **liefern hochwertiges Eiweiß:** Eier enthalten eine ideale Eiweißmischung, die für uns Menschen für den Zellaufbau und die Zellerneuerung, für das Immunsystem, für die Knochen und für schöne Haut, Haare und Nägel wichtig ist.

- **sind wahre Nährstoffbomben:** Neben dem hochwertigen Eiweiß gibt es in Eiern auch noch reichlich Vitamine und Mineralstoffe, wie z. B. die Vitamine A, D, E, K und B sowie Eisen, Calcium und Phosphor.

- **unterstützen die Gesundheit der Augen:** Im Eidotter sind Carotinoide (Lutein, Zeaxanthin) zu finden, die unsere Augen schützen.

- **dürfen auch bei erhöhtem Cholesterinspiegel gegessen werden:** Obwohl ein Ei bereits den Tagesbedarf an Cholesterin deckt, müssen sich auch Menschen mit erhöhten Cholesterinwerten nicht vor Eiern fürchten. Der Körper kann die Cholesterinaufnahme über den Darm drosseln, wenn ausreichend davon in der Blutbahn ist. Entscheidend in der Ernährung bei erhöhten Cholesterinwerten ist die Senkung der Zufuhr an tierischen fettreichen Lebensmitteln wie Fleisch, Wurst und fettreichen Milchprodukten, aber auch Weißmehlprodukten und zuckerreichen Lebensmitteln.

PIKANTER HAFERBREI

Zubereitungszeit
15 Minuten

Allergenkennzeichnung
A Gluten G Milch H Nüsse L Sellerie (Gemüsebrühe)

Das Gemüse kannst du je nach Saison und Vorlieben austauschen, z. B. durch Mangold, Paprika- oder Tomatenwürfel, geriebene Karotte oder Zucchini.

Wer den Brei gerne kernig mag, kann großblättrige Haferflocken verwenden. Immer nur Haferflocken werden dir zu langweilig? Kein Problem, greife stattdessen zu Dinkel-, Buchweizen- oder Fünfkornflocken.

ZUTATEN

30 g frischer Spinat
70 g Champignons
1 TL (5 ml) Rapsöl
5 EL (50 g) Haferflocken
200 ml Gemüsebrühe
(1/2 TL Gemüsebrühepulver + 200 ml heißes Wasser)
1 TL (5 g) gehackte Kräuter
1 Prise Salz

Topping

1/2 Pkg. (100 g) Hüttenkäse 10 % F. i. T.
Kresse
2 Radieschen
1 EL (15 g) Nüsse

Beim Topping kannst du die Nüsse beispielsweise durch Hanfsamen ersetzen.

NÄHRWERTE

Für diese eine Portion
1 796 kJ / 429 kcal
17,9 g Fett
davon 2,4 g gesättigte Fettsäuren
35,3 g Kohlenhydrate
davon 5,2 g Zucker
7,18 g Ballaststoffe
27,5 g Eiweiß
2,29 g Salz

ZUBEREITUNG

1. Spinat und Champignons waschen. Champignons in Scheiben schneiden.
2. Rapsöl in einem Topf erhitzen, Champignons darin anbraten.
3. Spinat hinzufügen und zusammenfallen lassen.
4. Haferflocken ebenfalls in den Topf geben und das Ganze mit Gemüsebrühe aufgießen.
5. Hitze reduzieren und zu einem Brei verkochen lassen. Dabei ständig umrühren, damit nichts anbrennt.
6. Zuletzt die gehackten Kräuter einrühren und bei Bedarf mit Salz abschmecken.
7. Porridge in eine Schüssel geben und mit Hüttenkäse, geschnittener Kresse, gewaschenen, in Scheiben geschnittenen Radieschen und Nüssen toppen.

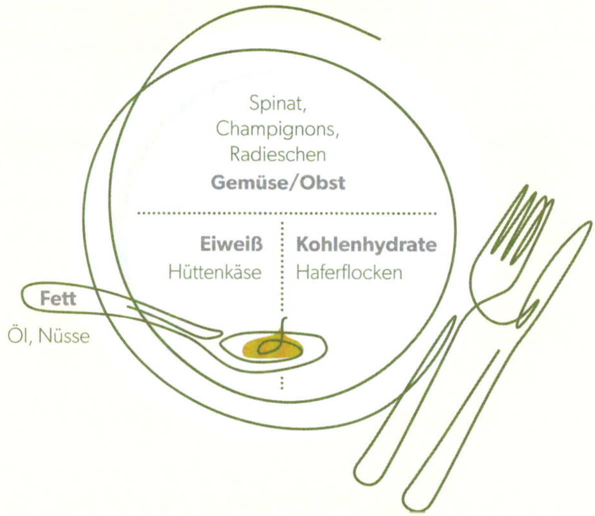

TIPP!

Du kannst auch andere Eiweißquellen als Topping hinzufügen: Mozzarellascheiben, Fetawürfel oder ein gekochtes Ei passen gut dazu. Für vegane Varianten eignen sich Tofu, Bohnen, Linsen oder Kichererbsen.

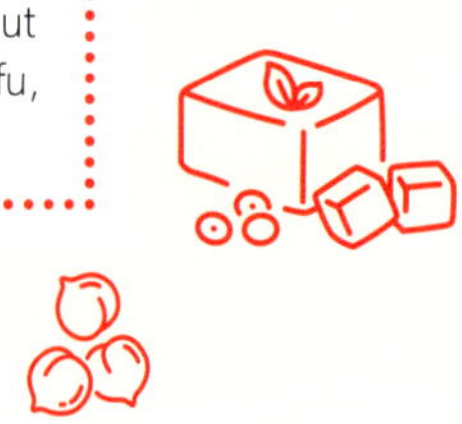

RESTLOS GLÜCKLICH!

Damit vom Gemüseeinkauf sicher nichts im Müll landet, findest du im **Zutatenverzeichnis** ab S. 190 passende Rezepte zur Verwendung von Spinat, Champignons und Radieschen.

Mit dem im Becher übrigen Hüttenkäse und dem restlichen Radieschenbund kannst du ein schnelles **Radieschen-Hüttenkäse-Sandwich** (S. 39) machen.

RADIESCHEN-HÜTTENKÄSE-SANDWICH

Zubereitungszeit
10 Minuten

Allergenkennzeichnung
A Gluten G Milch

Du kannst statt Radieschen auch anderes Gemüse verwenden, z. B. Paprikawürfel, geriebene Karotte oder Stangenselleriestückchen.

ZUTATEN

2 Stk. (20 g) Radieschen
1/2 Pkg. (100 g) Hüttenkäse 10 % F. i. T.
1/2 TL (3 g) Schnittlauchröllchen (frisch oder tiefgekühlt)
Salz, Pfeffer

---

2 dünne handtellergroße Scheiben (ca. 70 g) Vollkornbrot (S. 48)
4 Scheiben (20 g) Salatgurke
etwas (10 g) Blattsalat bzw. Sprossen

NÄHRWERTE

Für diese eine Portion
1 184 kJ / 281 kcal
7,7 g Fett
davon 1,0 g gesättigte Fettsäuren
28,8 g Kohlenhydrate
davon 6,3 g Zucker
4,89 g Ballaststoffe
21,3 g Eiweiß
1,70 g Salz

TIPP!

Für einen zusätzlichen Geschmacksboost kannst du getrocknete Tomaten, Senf, geriebenen Kren (Meerrettich) oder Gewürze wie Paprikapulver, Curry oder Kreuzkümmel (Cumin) zum Aufstrich hinzufügen.

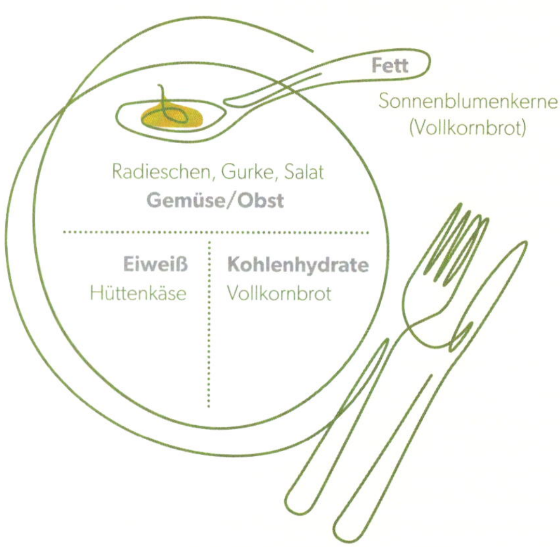

ZUBEREITUNG

1. Radieschengrün entfernen, Radieschen waschen und in sehr kleine Würfel schneiden.
2. Hüttenkäse, Radieschenwürfel und Schnittlauchröllchen vermischen, mit Salz und Pfeffer gut würzen.
3. Eine Brotscheibe mit Gurkenscheiben belegen, darauf den Radieschen-Hüttenkäse-Aufstrich verteilen.
4. Mit Salat bzw. Sprossen belegen und die zweite Brotscheibe daraufgeben.

RESTLOS GLÜCKLICH!

Die übrigen Radieschen kannst du als Salatkomponente, als Rohkost zu einem belegten Brot oder als Snack zwischendurch einbauen.

GEBÄCK UND BROT

Egal ob zum Frühstück, als Jause für die Arbeit, als Beilage zu einer Tomaten-Paprika-Pfanne oder als Abendessen mit einem leckeren Kräuteraufstrich: Gebäck und Brot passen einfach immer.

Doch leider haben es Gebäck und Brot in der Ernährungswelt nicht einfach: Viele glauben, dass sie dick machen, und verzichten lieber darauf. Doch eines sei gesagt: Gebäck und Brot richtig eingeplant machen keineswegs dick. Wenn sie optimal kombiniert werden – nämlich mit einer Eiweiß- und Gemüsekomponente – wird daraus eine ausgewogene, nährstoffreiche Mahlzeit.

Wichtig sind hier die Qualität und die Quantität – also welches Brot und wie viel davon gegessen wird! Der Maßstab für eine Portion liegt bei einem handflächengroßen Stück Brot oder Gebäck (siehe S. 15). Mit buntem Gemüse und Eiweiß in Form von Ei, Milchprodukten oder einer Hülsenfrüchte-Komponente ergibt das eine optimale Mahlzeit, die den Magen gut füllt und lange satt macht.

Vor allem Gebäck und Brot aus Vollkornmehl weisen einen hohen Ballaststoffanteil auf, der für eine gute Verdauung sorgt und das Sättigungsgefühl verbessert. Vollkornmehl ist daher die Hauptzutat in meinen Brot- und Gebäckrezepten.

Wenn du bis jetzt immer der Meinung warst, keine Zeit zum Selbstbacken zu haben, wirst du mit meinen folgenden Rezepten merken: Brot und Gebäck zu backen, kann richtig schnell gehen! Wie wäre es also heute gleich mit schnellen Müsli- oder Haferflocken-Joghurt-Weckerln? Oder einem flotten Vollkornbrot ohne Gehzeit?

Meine Gebäckrezepte sind nur für vier Stücke ausgelegt. Ein Stück zum Frühstück, eines als Jause für die Arbeit, zwei Stücke am nächsten Tag und schon sind sie aufgegessen – nichts wird trocken oder hart. Du kannst aber auch problemlos einen Teil der Gebäckstücke (oder Brotschnitten) einfrieren. So hast du immer selbst gebackenes Gebäck oder Brot griffbereit, von dem du genau weißt, was drin ist.

Richtig schnelles

FLADENBROT

Zubereitungszeit
10 Minuten

Allergenkennzeichnung
A Gluten G Milch

ZUTATEN

2 1/2 EL (50 g) Vollkornmehl
1 Prise Backpulver
2 EL (50 g) Naturjoghurt
1 Prise Salz

Für die Pfanne
1 TL (5 ml) Rapsöl

Mit Soja- statt Naturjoghurt ist das Fladenbrot vegan. Am besten ein ungesüßtes Bio-Sojajoghurt verwenden.

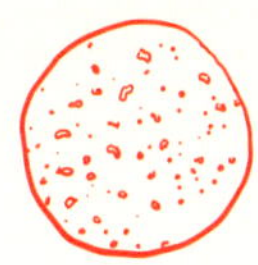

NÄHRWERTE

Für diese eine Portion
1 083 kJ / 258 kcal
8,1 g Fett
davon 1,7 g gesättigte Fettsäuren
34,7 g Kohlenhydrate
davon 4,2 g Zucker
4,26 g Ballaststoffe
8,3 g Eiweiß
0,88 g Salz

ZUBEREITUNG

1. Alle Zutaten für das Brot in eine Schüssel geben und mit einer Gabel zu einem kompakten Teig verrühren.
2. Den Brotteig auf einer bemehlten Arbeitsfläche kurz durchkneten und dann zu einem runden Fladen ausrollen.
3. Das Rapsöl in einer beschichteten Pfanne erhitzen.
4. Den Fladen in die heiße Pfanne geben und auf beiden Seiten goldbraun anbraten.

Mit **Tomaten-Schafskäse-Dip** (S. 69) oder **Rote-Rüben-Hummus** (S. 64) und knackigen Gemüsesticks dazu lässt sich daraus eine komplette Mahlzeit gestalten.

HAFERFLOCKEN-JOGHURT-WECKERL

ohne Hefe

Zubereitungszeit
10 Minuten

Backzeit
20–25 Minuten

Portionen
4

Allergenkennzeichnung
A Gluten C Ei G Milch

Für eine vegane Variante kannst du statt Naturjoghurt ein Bio-Sojajoghurt verwenden.

ZUTATEN	NÄHRWERTE
8 EL (80 g) feinblättrige Haferflocken	**Pro Weckerl**
2 1/2EL (50 g) Vollkornmehl	931 kJ / 222 kcal
1 Ei	9,5 g Fett
4 EL (100 g) Naturjoghurt	davon 1,9 g gesättigte
1/2 TL (3 g) Salz	Fettsäuren
1 1/2 TL (7 g) Backpulver	22,9 g Kohlenhydrate
2 EL (30 g) Sonnenblumenkerne	davon 2,0 g Zucker
	2,89 g Ballaststoffe
Zum Bestreuen	9,1 g Eiweiß
1 EL (15 g) Sonnenblumenkerne	1,22 g Salz

ZUBEREITUNG

1. Ofen auf 200 °C Ober- und Unterhitze vorheizen.
2. Ein Backblech mit Backpapier belegen.
3. Alle Zutaten für die Weckerl in eine Schüssel geben und mit einem Löffel verrühren.
4. Hände befeuchten, je ein Viertel des Teiges herausnehmen, zu einer Kugel formen und aufs Blech setzen. Es sollen vier gleich große Weckerl entstehen.
5. Jedes Weckerl mit Sonnenblumenkernen bestreuen und diese leicht andrücken, damit sie kleben bleiben.
6. Die Weckerl im vorgeheizten Ofen 20–25 Minuten goldbraun backen.

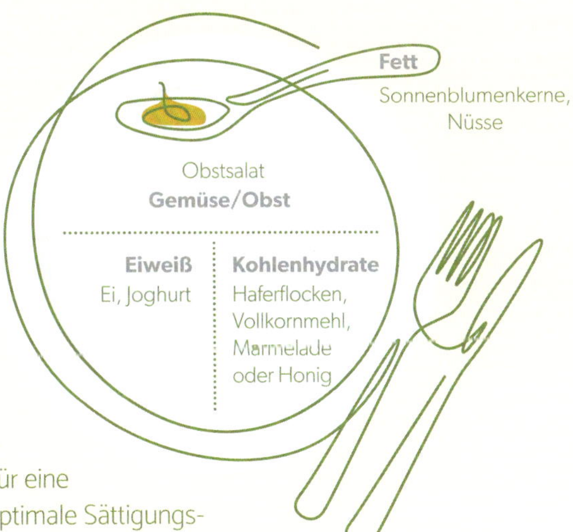

Für eine optimale Sättigungswirkung kann ein Obstsalat mit Nüssen sorgen, der dazu kombiniert wird.

INFOBOX

Du magst ab und zu auch mal einen süßen Aufstrich wie Marmelade oder Honig zum Frühstück?

Zugegeben, ein Marmeladebrot oder Honigsemmerl (-brötchen) schmeckt lecker, es wird dich aber nicht lange satt machen. Der Grund dafür ist, dass der Anteil an Eiweiß und Ballaststoffen niedrig, dafür aber die Zuckermenge hoch ist. Eine Achterbahnfahrt des Blutzuckers ist die Folge: Der Blutzuckerspiegel schießt nach der Mahlzeit in die Höhe und fällt danach aufgrund der Insulinwirkung wieder ab. Diesen raschen Abfall des Blutzuckers kannst du in Form von Müdigkeit, Konzentrationsschwierigkeiten und Heißhunger spüren.

Um diese Situation zu umgehen und dennoch Marmelade oder Honig zum Frühstück genießen zu können, empfehle ich dir, dieses Haferflocken-Joghurt-Weckerl anstatt einer Semmel (Brötchen) oder eines anderen Weißmehlproduktes zu wählen. Darin sind Ballaststoffe und eine ordentliche Portion Eiweiß enthalten, die wie eine Blutzuckerbremse wirken.

MÜSLIWECKERL

Zubereitungszeit	Backzeit	Portionen	Allergenkennzeichnung
10 Minuten	ca. 40 Minuten	4	A Gluten evtl. F Soja (Müslimischung) G Milch evtl. H Nüsse (Müslimischung)

Für eine vegane Variante kann der Topfen durch ein ungesüßtes Sojajoghurt, am besten in der Bio-Variante, ersetzt werden.

ZUTATEN

1/2 Pkg. (125 g) Topfen (Quark) 20 % F. i. T.
2 EL (20 ml) Rapsöl
1 EL (30 g) ungesüßtes Apfelmus
1/2 TL (3 g) Salz
6 EL (120 g) Vollkornmehl
1 TL (5 g) Backpulver

Zum Wälzen
2 EL (30 g) ungezuckertes Müsli (z. B. Basismüsli, Früchtemüsli, Birchermüsli)

NÄHRWERTE

Pro Weckerl
906 kJ / 216 kcal
7,5 g Fett
davon 1,4 g gesättigte Fettsäuren
26,6 g Kohlenhydrate
davon 4,0 g Zucker
3,27 g Ballaststoffe
8,5 g Eiweiß
1,05 g Salz

RESTLOS GLÜCKLICH!

Mit dem restlichen Topfen kannst du einen schnellen **Topfenaufstrich (Quarkaufstrich)** machen: 125 g Topfen/Quark (also den übrigen Becher) mit 1 EL Naturjoghurt cremig rühren, mit Salz und Pfeffer würzen. Nach Lust und Laune können weitere Geschmackszutaten hinzugefügt werden, z. B. Kürbiskernöl, Schnittlauch, Paprikapulver und klein gehackte Zwiebel oder geraspelte Karotte und gehackte Haselnüsse.

Das übrig bleibende Apfelmus kannst du im Kühlschrank einige Tage aufbewahren und ist eine optimale Basis für ein **Apfelmüsli** (S. 20) oder **Buchweizengranola** (S. 22). Auch beim Backen von Kuchen und Co ist Apfelmus eine tolle Zutat, weil dadurch Zucker eingespart werden kann und bei der Verwendung von Vollkornmehl der Teig besonders saftig wird.

ZUBEREITUNG

1. Ofen auf 180 °C Ober- und Unterhitze vorheizen.
2. Ein Backblech mit Backpapier belegen.
3. Alle Zutaten für die Weckerl in eine Schüssel geben und mit einem Löffel verrühren.
4. Müsli in einen tiefen Teller geben.
5. Hände befeuchten, je ein Viertel des Teiges nehmen und zu einer Kugel oder einem Stangerl formen.
6. Teiglinge im Müsli wälzen und auf allen Seiten leicht andrücken.
7. Die Weckerl im vorgeheizten Ofen 30–35 Minuten goldbraun backen.

VOLLKORNBROT

ohne Gehzeit

Zubereitungszeit	Backzeit	Portionen	Allergenkennzeichnung
10 Minuten	ca. 40 Minuten	1/2 Kastenbrot (10 Scheiben)	A Gluten evtl. H Nüsse

ZUTATEN

12 1/2 EL (250 g) Vollkornmehl
3 1/2 EL (50 g) Samen oder Nüsse (z. B. Sonnenblumen-, Kürbiskerne, gehackte Nüsse)
1 Pkg. Trockenhefe
1 TL (5 g) Salz
1/2 TL (5 g) Honig
200 ml warmes Wasser

Wird der Honig durch 1 TL Zucker ersetzt, ist das Brot vegan.

Zum Bestreuen
1 EL (15 g) Sonnenblumenkerne

NÄHRWERTE

Pro Scheibe
537 kJ / 128 kcal
3,7 g Fett
davon 0,7 g gesättigte Fettsäuren
16,8 g Kohlenhydrate
davon 1,4 g Zucker
2,77 g Ballaststoffe
5,5 g Eiweiß
0,49 g Salz

TIPP!

Wer länger Zeit hat, kann den Teig vor dem Backen „gehen" (= ruhen) lassen. So wird das Brot noch luftiger. Dafür lässt du den Teig an einem warmen Ort mit einem Küchentuch abgedeckt 30–60 Minuten ruhen. Danach wie im Rezept beschrieben backen.

ZUBEREITUNG

1. Eine Kastenform mit Backpapier auskleiden.
2. Alle trockenen Zutaten in eine Schüssel geben und gut mischen.
3. Den Honig im warmen Wasser auflösen.
4. Das Wasser löffelweise zu den trockenen Zutaten geben und mit einem Handmixer mit Knethaken einarbeiten.
5. Den Teig etwa fünf Minuten kneten, bis er sich vom Rand der Schüssel löst.
6. Den Teig mit einer Teigspachtel in eine Seite der Kastenform legen und mit dem Backpapier von der anderen Seite den Teig auf diese Seite drücken.
7. Die Kastenform in den kalten Ofen stellen.
8. Ofen auf 200 °C Ober- und Unterhitze aufdrehen.
9. Brot ca. 40 Minuten backen.

RESTLOS GLÜCKLICH!

Du hast das Brot nicht aufessen können, und es sind dir ein paar Scheiben übrig geblieben? Kein Problem! Hier sind einige Ideen, was du aus trockenen Brotscheiben machen kannst:

Brotcroûtons: Brot in 1 cm große Würfel schneiden, in einer heißen Pfanne in etwas Rapsöl goldbraun anrösten.
Brotchips: Brot in ganz dünne Scheiben schneiden, mit wenig Rapsöl bepinseln, nach Belieben würzen (z. B. mit Knoblauchsalz) und im Ofen knusprig backen.
Bruschetta: Brotscheiben mit Rapsöl und Knoblauch einreiben und im Ofen knusprig backen. Danach mit Tomaten und Zwiebeln belegen.
Brotsalat: Ein Rezept für einen Brotsalat findest du auf S. 80.
Semmelknödel: Brot in kleine Würfel schneiden und diese in etwas Milch einweichen. Die Brotwürfel mit Eiern, Petersilie, gehackter Zwiebel, Salz und etwas Vollkornmehl verrühren. Aus der Masse Knödel formen und diese in siedendem Salzwasser kochen.

VORTEILE VON VOLLKORNPRODUKTEN AUF EINEN BLICK

Vollkornprodukte ...

- **sind das A und O einer gesunden Ernährung:** Sie werden aus dem ganzen Getreidekorn inklusive Schale, Keimling und Mehlkörper hergestellt. Dadurch enthalten sie mehr Ballaststoffe, Vitamine (z. B. B1, Folsäure und E) und Mineralstoffe bzw. Spurenelemente (z. B. Magnesium, Calcium und Eisen) als Weißmehlprodukte. Daher schützen sie unser Immunsystem stärker, verbessern unseren Stoffwechsel und wirken sich besonders positiv auf Haut, Haare und Nägel aus. Eine Ernährung mit reichlich Vollkornprodukten hilft, das Risiko für diverse Zivilisationskrankheiten wie Diabetes mellitus Typ 2, erhöhte Cholesterinwerte, Bluthochdruck und auch bösartige Krebserkrankungen im Magen-Darm-Bereich zu reduzieren.

- **sind der Gamechanger bei einer trägen Verdauung:** Ein langsamer Darm kann durch den regelmäßigen Verzehr von Vollkornprodukten in Kombination mit ausreichender Flüssigkeitszufuhr so richtig in Schwung gebracht werden. Durch den hohen Anteil an Ballaststoffen werden außerdem gute Darmbakterien genährt, welche die Darmfunktion verbessern.

- **lassen sich schrittweise einbauen:** Wer auf Vollkornprodukte umsteigen möchte, soll dies sogar nur schrittweise tun. Der Darm muss sich nämlich erst an die höhere Ballaststoffmenge gewöhnen. Vollkornmehl beim Kochen und Backen zu integrieren, kann ein erster Schritt sein. Auch Vollkornnudeln, Vollkorncouscous, Vollkornbrösel oder Vollkornbrot aus fein vermahlenem Vollkornmehl sind gut verträglich. Wichtig dabei ist, über den Tag verteilt ausreichend Flüssigkeit zu trinken, damit die Ballaststoffe im Magen-Darm-Trakt gut quellen können. Mindestens 1,5 l Wasser oder ungesüßte Tees sollen es täglich sein.

- **machen lange satt:** Aufgrund der vielen Ballaststoffe verlängern Vollkornprodukte die Sättigung, stabilisieren den Blutzuckerspiegel und können so Heißhungerattacken vorbeugen.

VOLLKORNSTANGERL

Zubereitungszeit
20 Minuten

Backzeit
ca. 20 Minuten

Portionen
4

Allergenkennzeichnung
A Gluten evtl. N Sesam

ZUTATEN

Dinkel-, Weizen- oder Einkorn-Vollkornmehl

10 EL (200 g) Vollkornmehl
1/2 TL (3 g) Salz
1 TL (5 g) Zucker
1/2 Pkg. (4 g) Trockenhefe
1 EL (10 ml) Rapsöl
130–150 ml Wasser

Zum Bestreuen
1 EL (15 g) Samen
(z. B. Leinsamen, Sesam)

NÄHRWERTE

Pro Stangerl
937 kJ / 223 kcal
5,1 g Fett
davon 0,6 g gesättigte Fettsäuren
33,8 g Kohlenhydrate
davon 3,3 g Zucker
5,3 g Ballaststoffe
7,7 g Eiweiß
0,73 g Salz

ZUBEREITUNG

1. Alle trockenen Zutaten in einer Schüssel vermengen.
2. Öl hinzufügen.
3. Wasser löffelweise hinzugeben und mit einem Mixer mit Knethaken einarbeiten.
4. Teig ca. fünf Minuten lang kneten.
5. In eine zweite, größere Schüssel heißes Wasser einfüllen und die Schüssel mit dem Teig zehn Minuten mit einem Küchentuch abgedeckt in dieses Wasserbad stellen.
6. Währenddessen den Ofen auf 180 °C Ober- und Unterhitze vorheizen.
7. Ein Backblech mit Backpapier belegen.
8. Nun den Teig auf eine bemehlte Arbeitsfläche geben und zu einer Rolle formen.
9. Vier gleich große Stücke abstechen.
10. Jedes Teigstück oval ausrollen.
11. Jedes Teigstück von einer kurzen Seite beginnend aufrollen und auf das Backblech legen.
12. Die Teiglinge mit Wasser bestreichen, mit Samen bestreuen und diese leicht andrücken.
13. Im vorgeheizten Ofen ca. 20 Minuten backen.

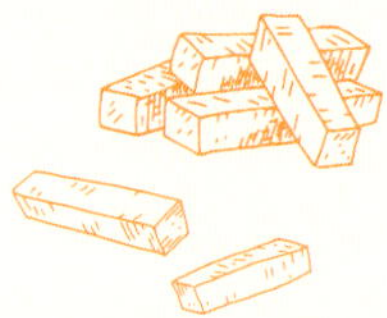

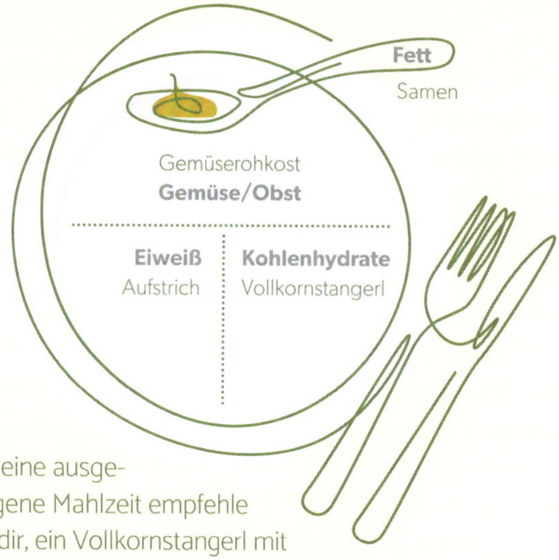

Für eine ausgewogene Mahlzeit empfehle ich dir, ein Vollkornstangerl mit einem selbst gemachten Aufstrich aus Topfen (Quark) oder Hülsenfrüchten und einer Handvoll Gemüserohkost zu kombinieren.

TIPP!

Die Vollkornstangerl halten zwei Tage, danach werden sie trocken. Wenn du nicht alle Stangerl innerhalb dieser Zeit isst, kannst du einen Teil davon gleich nach dem Backen einfrieren. Wenn du sie dann brauchst: am besten bereits am Vorabend aus dem Tiefkühler nehmen und im Gefrierbeutel über Nacht auftauen lassen. Für eine noch schnellere Variante kannst du die tiefgefrorenen Stangerl bei 180 °C Ober- und Unterhitze zehn Minuten im bereits heißen Ofen aufbacken.

AUFSTRICHE

Karotten-Linsen-Aufstrich, Tomaten-Schafskäse-Aufstrich, süßer Schokoaufstrich, Rote-Rüben-Hummus oder eine falsche Guacamole aus Erbsen: Das und mehr erwartet dich in der Kategorie Aufstriche. Neben klassischen Topfenaufstrich-Varianten (Quarkaufstrich-Varianten) findest du hier Rezepte auf Basis von Hülsenfrüchten. Diese farbenfrohen, rein pflanzlichen Aufstriche sorgen für mehr Abwechslung und den nötigen Eiweißschub und machen dein Frühstücks- oder Jausenbrot damit so richtig perfekt.

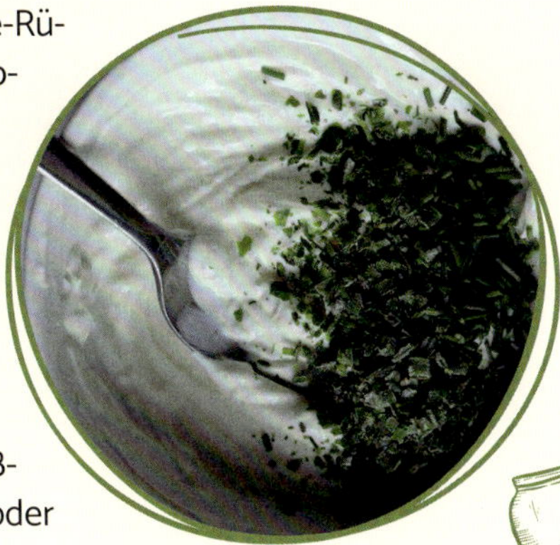

VORTEILE VON AUFSTRICHEN AUF EINEN BLICK

Aufstriche ...

- **sind schnell gemacht:** Einen Aufstrich selbst zu machen, ist wirklich ein Kinderspiel. Es müssen einfach alle Zutaten cremig gerührt werden und schon ist er fertig.

- **bringen Farbe und Abwechslung auf deinen Teller:** Rote-Rüben-Hummus, leuchtend grüner Erbsenaufstrich oder oranger Karotten-Linsen-Aufstrich – die Farbenpracht von Aufstrichen kann sich sehen lassen. Getoppt mit bunten Gemüsesticks und Sprossen ist dein Aufstrichbrot der Hingucker am Jausentisch. Da lassen sich sogar Kinder überzeugen, mal was Neues zu probieren.

- **bieten eine gesunde Alternative zu Wurst, Schinken & Co:** Das klassische, langweilige Wurstbrot gehört ab sofort der Geschichte an. Aufstriche liegen zu Recht voll im Trend! Sie schmecken lecker und strotzen vor guten Inhaltsstoffen. Hochwertiges Eiweiß aus Milchprodukten bzw. Hülsenfrüchten, Ballaststoffe aus Gemüse bzw. Hülsenfrüchten, Vitamine und Mineralstoffe aus Gemüse und Kräutern stärken deine Gesundheit.

- **schmecken vielseitig würzig:** Mit Gewürzen, Kräutern und Würzmitteln aller Art lassen sich Aufstriche noch einmal auf das nächste Geschmackslevel heben. Egal ob mit heimischen Kräutern, orientalischen Gewürzen, Senf, Kren (Meerrettich) oder Honig – Aufstriche können sowohl pikant, scharf, würzig, mild als auch süß zubereitet werden. Meine Rezepte zeigen dir, wie das geht.

ERBSENAUFSTRICH

Ich nenne diesen Aufstrich auch gerne „steirische Guacamole“.

Zubereitungszeit
10 Minuten

Portionen
2

Allergenkennzeichnung
keine

ZUTATEN

- **100 g** Erbsen, tiefgekühlt
- **1 EL (10 ml)** Zitronensaft
- **1 EL (10 ml)** Kürbiskernöl
- **1 EL (15 g)** gehackte Kürbiskerne
- Salz, Pfeffer

NÄHRWERTE

Pro Portion
541 kJ / 130 kcal
8,7 g Fett
davon 1,6 g gesättigte Fettsäuren
6,3 g Kohlenhydrate
davon 2,7 g Zucker
1,65 g Ballaststoffe
5,5 g Eiweiß
0,04 g Salz

Durch das Abschrecken bleibt die grüne Farbe der Erbsen besonders gut erhalten. Verwendest du Erbsen aus der Dose, musst du diese nur in einem Sieb unter fließendem Wasser abspülen.

ZUBEREITUNG

1. Tiefkühlerbsen in kochendem Salzwasser etwa fünf Minuten bissfest kochen und dann sofort mit kaltem Wasser abschrecken.
2. Erbsen mit Zitronensaft in einem Mixer fein pürieren.
3. Kürbiskernöl und Kürbiskerne hinzufügen.
4. Aufstrich mit Salz und Pfeffer abschmecken.

Für einen noch intensiveren Geschmack können die Kürbiskerne zuvor in einer erhitzten beschichteten Pfanne ohne Fett angeröstet werden, bis sie duften.

REZEPTABWANDLUNG

Der Aufstrich kann noch mit weiteren Geschmackskomponenten verfeinert werden, z. B. mit einer gepressten Knoblauchzehe, mit Schafskäsebröseln, mit gehackten Kräutern oder roten Paprikawürfeln.

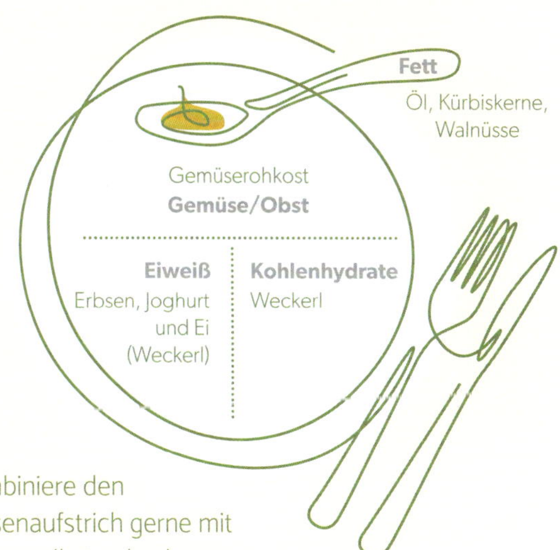

Ich kombiniere den Erbsenaufstrich gerne mit einem selbst gebackenen **Haferflocken-Joghurt-Weckerl** (S. 44) und esse dazu eine Handvoll Gemüserohkost und ein paar Walnüsse. Das ergibt eine ausgewogene Mahlzeitengestaltung.

KAROTTEN-LINSEN-AUFSTRICH

Zubereitungszeit
20 Minuten

Portionen
2

Allergenkennzeichnung
L Sellerie (Gemüsebrühe)

Die Karotte kannst du durch Kürbis, Süßkartoffel oder Rote Rübe ersetzen.

ZUTATEN	NÄHRWERTE
1 kleine (30 g) Zwiebel	**Pro Portion**
1 mittelgroße (60 g) Karotte	571 kJ / 136 kcal
4 EL (60 g) rote Linsen, roh	3,0 g Fett
1 TL (5 ml) Rapsöl	davon 0,3 g gesättigte Fettsäuren
1/2 TL (5 g) Tomatenmark	16,9 g Kohlenhydrate
1 Prise Paprikapulver	davon 2,1 g Zucker
1/2 TL (3 g) Gemüsebrühepulver	4,36 g Ballaststoffe
200 ml Wasser	7,8 g Eiweiß
	0,74 g Salz

ZUBEREITUNG

1. Zwiebel schälen und fein schneiden.
2. Karotte waschen, unsaubere Stellen entfernen und samt Schale in kleine Würfel schneiden oder mit einer Gemüsereibe grob raspeln.
3. Rote Linsen in ein Sieb geben und unter fließendem Wasser durchspülen.
4. Öl in einem Topf erhitzen, Zwiebel darin glasig anschwitzen.
5. Tomatenmark und Paprikapulver hinzugeben und sofort umrühren.
6. Karotten und Linsen in den Topf geben.
7. Gemüsebrühepulver hinzufügen und mit Wasser aufgießen.
8. Zehn Minuten bei geschlossenem Deckel auf mittlerer Hitze köcheln lassen.
9. Zuletzt noch zwei bis fünf Minuten ohne Deckel köcheln lassen, bis die Linsen gar sind und die Flüssigkeit verkocht ist.
10. Das Ganze in einem hohen Gefäß mit einem Stabmixer fein pürieren.

Der Aufstrich ergibt mit einer handflächengroßen Scheibe Vollkornbrot, einer Handvoll Gemüsesticks, etwas Kresse und einem Teelöffel Samen als Topping eine ausgewogene Mahlzeit.

RESTLOS GLÜCKLICH!

Da getrocknete Hülsenfrüchte bis zu ein Jahr haltbar sind, musst du die restlichen roten Linsen nicht sofort aufbrauchen. Lagere sie am besten kühl und dunkel in einem verschließbaren Behälter. So können getrocknete Hülsenfrüchte sogar über das Mindesthaltbarkeitsdatum hinaus noch genießbar sein.
Was du aus den restlichen Karotten zaubern kannst, erfährst du im **Zutatenverzeichnis** (S. 190).

REZEPTABWANDLUNG

- Dieses Rezept ist ein gutes Basisrezept, das geschmacklich nach Lust und Laune abgewandelt werden kann: Für einen besonders würzigen Geschmack gibst du geschnittenen Schafskäse dazu, für einen Farbtupfer sorgen gehackte Kräuter wie Schnittlauch oder Petersilie, aber auch orientalische Gewürze wie Ras el-Hanout oder gemahlener Kreuzkümmel (Cumin) peppen den Aufstrich auf.
- Wenn du mehr Flüssigkeit in den Topf gibst, kannst du aus diesem Rezept auch eine **Karotten-Linsen-Suppe** machen.

VORTEILE VON HÜLSENFRÜCHTEN AUF EINEN BLICK

Hülsenfrüchte ...

- **sind wahres Powerfood:** Kichererbsen, Bohnen, Linsen & Co sind echte Kraftpakete. Sie strotzen vor guten Inhaltsstoffen. Sie liefern reichlich Eiweiß, Ballaststoffe, Eisen, Magnesium, Kalium, B-Vitamine und enthalten viele sekundäre Pflanzenstoffe, die unsere Zellen vor freien Radikalen schützen.
- **liefern außerdem reichlich Lysin:** Dieser Eiweißbaustein, der in Getreide nur wenig enthalten ist, kann in Kombination von Hülsenfrüchten mit Getreideprodukten die Eiweißqualität verbessern.
- **kosten wenig:** Nicht nur für unsere Gesundheit, auch für unser Geldbörserl sind Hülsenfrüchte gut. Im Vergleich zu Fleisch, Wurst und Fisch sind sie deutlich preisgünstigere Eiweißlieferanten.
- **sättigen schnell und lang anhaltend:** Aufgrund des hohen Eiweiß- und Ballaststoffanteiles machen sie uns gut satt. Die Ballaststoffe sind außerdem für die Darmbakterien und die Verdauung wichtig und verhindern starke Blutzuckerschwankungen.
- **wirken positiv auf unsere Umwelt:** Der Anbau von Hülsenfrüchten fördert die Bodenfruchtbarkeit, die Vielfalt von Insekten und die Humusanreicherung.
- **sorgen für Abwechslung auf dem Speiseplan:** Ihre Vielfalt macht es uns leicht, „bunt" zu speisen. Außerdem helfen sie uns bei der Reduktion des Fleischverzehrs – z. B. lässt sich Faschiertes für Laibchen leicht durch Hülsenfrüchte wie Linsen ersetzen.

KRÄUTERAUFSTRICH

Der Aufstrich kann auch als Kräuterdip verwendet werden, z. B. für Brokkoli-Nudelauflauf (S. 100), Zucchinischmarrn (S. 160), Kohlrabischnitzel (S. 123) oder Süßkartoffelrösti (S. 150).

Zubereitungszeit
5 Minuten

Portionen
2

Allergenkennzeichnung
G Milch

Du kannst statt Joghurt auch Frischkäse verwenden bzw. verbrauchen, wenn du bereits welchen geöffnet lagerst.

ZUTATEN

1/2 Pkg. (125 g) Topfen (Quark) 20 % F. i. T.
1 EL (25 g) Naturjoghurt
1 TL (5 g) gehackte Kräuter deiner Wahl (frisch oder tiefgekühlt, z. B. Schnittlauch, Petersilie, Dille, Basilikum)
Salz, Pfeffer

Topping
1 TL (5 g) Sonnenblumenkerne
1/2 TL (3 g) Schnittlauchröllchen
evtl. Blüten (z. B. Gänseblümchen)

NÄHRWERTE

Pro Portion
408 kJ / 98 kcal
4,9 g Fett
davon 2,5 g gesättigte Fettsäuren
3,9 g Kohlenhydrate
davon 3,5 g Zucker
0,35 g Ballaststoffe
9,0 g Eiweiß
0,14 g Salz

ZUBEREITUNG

1. Topfen mit Joghurt verrühren.
2. Gehackte Kräuter deiner Wahl hinzufügen.
3. Mit Salz und Pfeffer abschmecken.
4. Aufstrich in eine Schale umfüllen und mit Sonnenblumenkernen, Schnittlauch und evtl. Blüten toppen.

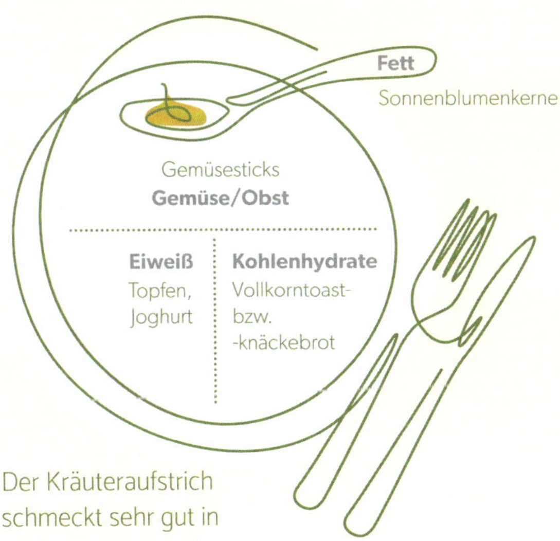

Der Kräuteraufstrich schmeckt sehr gut in Kombination mit einem gerösteten Vollkorntoast oder einem Vollkornknäckebrot und dazu Gemüsesticks.

TIPP!

Wird der Aufstrich nicht auf einmal aufgebraucht, kann er bis zu drei Tage im Kühlschrank aufbewahrt werden. Da sich Flüssigkeit vom Topfen absetzen kann, rührst du den Aufstrich vor dem Verzehr am besten einmal gut durch.

ROTE-RÜBEN-HUMMUS
ROTE-BEETE-HUMMUS

INFOBOX

Kichererbsen liefern viel pflanzliches Eiweiß, Ballaststoffe, B-Vitamine, Mineralstoffe wie Eisen, Calcium und Zink und sekundäre Pflanzenstoffe – unter anderem Saponine, denen eine cholesterinsenkende Wirkung zugeschrieben wird.

Zubereitungszeit
5 Minuten

Portionen
4

Allergenkennzeichnung
N Sesam (Tahini)

ZUTATEN

1/2 Dose (120 g) Abtropfgewicht) Kichererbsen
2 kleine (100 g) vorgegarte Rote Rüben (Rote Beete)
1 EL (10 g) Tahini (Sesammus)
1 EL (10 ml) natives Olivenöl
1 EL (10 ml) Zitronensaft
1 Knoblauchzehe
Salz, Pfeffer
1 Prise Kreuzkümmel (Cumin)

Du verträgst keinen Knoblauch? Dann lass ihn einfach weg.

Topping

1/2 TL (3 g) frische Kräuter und Blüten (z. B. Petersilie, Pfefferminze, Gänseblümchen, Stiefmütterchen)
1/2 TL (3 g) Samen (z. B. Sonnenblumenkerne)
1 TL (5 g) Kichererbsen (abgetropft)

NÄHRWERTE

Pro Portion
411 kJ / 99 kcal
5,2 g Fett
davon 0,8 g gesättigte Fettsäuren
7,8 g Kohlenhydrate
davon 2,5 g Zucker
2,30 g Ballaststoffe
3,5 g Eiweiß
0,24 g Salz

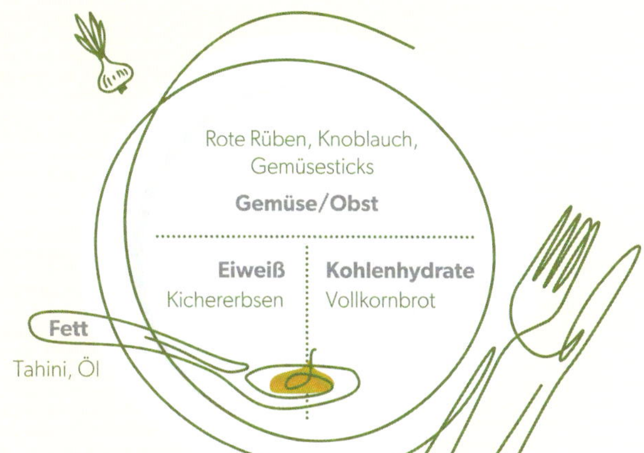

Der Rote-Rüben-Hummus schmeckt besonders lecker mit frischem **Vollkornbrot** (S. 48) und einer Handvoll Gemüserohkost zum Dazuknabbern bzw. Dippen.

ZUBEREITUNG

1. Kichererbsen in ein Sieb geben und gut abspülen.
2. Vorgegarte Rote Rüben – am besten mit einer Gabel fixiert – in grobe Stücke zerschneiden.
3. Kichererbsen, Rote-Rüben-Stücke, Tahini, Olivenöl, Zitronensaft und Knoblauch in einem Mixer fein pürieren.
4. Den Aufstrich mit Salz, Pfeffer und Kreuzkümmel kräftig würzen.
5. Hummus in eine Schale geben und mit frischen Kräutern und Blüten sowie Samen und Kichererbsen toppen.

RESTLOS GLÜCKLICH!

Aus den übrig gebliebenen Kichererbsen und den verbleibenden Roten Rüben kannst du eine vegane **Rote-Rüben-Couscous-Salatbowl** (S. 86) machen. Das angebrochene, wieder gut verschlossene Tahini bleibt im Kühlschrank maximal sechs Monate einsetzbar. Am besten ist es, wenn du das Tahini mit dem Öffnungsdatum beschriftest – so übersiehst du den Ablauf dieses Zeitraumes nicht. Was du noch mit Tahini kochen kannst, erfährst du aus der **Zutatenliste** (S. 190).

VORTEILE VON ROTEN RÜBEN (ROTEN BEETEN) AUF EINEN BLICK

Rote Rüben (Rote Beete) ...

- **haben es in sich:** Das Wurzelgemüse punktet nicht nur mit der leuchtend dunkelroten Farbe, sondern auch mit seinem hohen Vitamin- und Mineralstoffgehalt. Rote Rüben liefern reichlich Folsäure, Vitamin C, B-Vitamine sowie Calcium, Kalium und Magnesium.

- **gelten als blutbildend:** Dies liegt am hohen Gehalt an Eisen, weshalb die Rote Rübe zurecht besonders bei Frauen häufiger am Speiseplan stehen sollte. Für eine bessere Eisenaufnahme im Körper empfiehlt sich, Rote Rüben mit Vitamin-C-reichen Lebensmitteln wie Zitrusfrüchten, Paprika, Brokkoli oder Petersilie zu kombinieren.

- **liefern einen absoluten Superhelden-Nährstoff:** Betanin ist ein sekundärer Pflanzenstoff, der den Roten Rüben ihre klassische purpurrote Farbe verleiht und eine tolle Waffe im Kampf gegen freie Radikale ist.

- **sind heimische Knollen:** Rote Rüben aus Österreich sind das ganze Jahr über erhältlich, da sie gut lagerbar sind. Sie werden von Juli bis in den Spätherbst geerntet. Teilweise kommen sie bereits vorgegart und vakuumiert in den Handel, was für die schnelle Küche von Vorteil ist.

SCHOKOAUFSTRICH

Süßer Aufstrich selbst gemacht? Probiere es doch mal! Dieser Schokoaufstrich macht im Gegensatz zu gewohnten süßen Aufstrichen wie Nuss-Nougat-Aufstrich, Marmelade oder Honig aufgrund des hohen Eiweißgehalts lange satt.

Zubereitungszeit
5 Minuten

Portionen
2

Allergenkennzeichnung
F Soja (Schokolade) G Milch H Nüsse

ZUTATEN

2 EL (100 g) Topfen (Quark) 20 % F. i. T.
1 EL (25 g) Naturjoghurt
1 EL (20 g) Nussmus
1 TL (10 g) Honig
1/2 TL (3 g) Vanillezucker
2 Würferl (10 g) geriebene Bitterschokolade (mind. 70 % Kakaoanteil)
1 TL (5 g) Backkakao

Statt Joghurt kann es auch ein neutraler Frischkäse sein.

Was du außerdem benötigst:
Ein Glas mit Schraubverschluss bzw. ein Rexglas (ca. 200 ml)

NÄHRWERTE

Pro Portion
754 kJ / 181 kcal
10,4 g Fett
davon 3,9 g gesättigte Fettsäuren
10,2 g Kohlenhydrate
davon 9,3 g Zucker
2,31 g Ballaststoffe
10,2 g Eiweiß
0,07 g Salz

ZUBEREITUNG

1. Alle Zutaten in eine Schüssel geben und verrühren.
2. Fertigen Aufstrich in ein Schraubglas füllen und im Kühlschrank etwas durchziehen lassen.

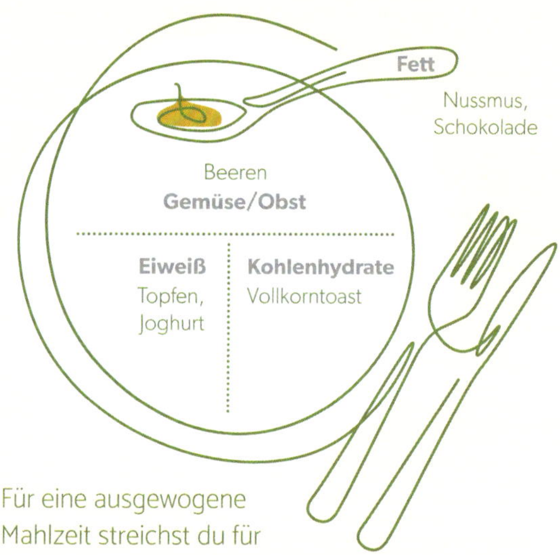

Für eine ausgewogene Mahlzeit streichst du für eine Portion die Hälfte des Aufstrichs auf zwei Vollkorntoastbrotscheiben und belegst sie mit Heidelbeeren, Erdbeerscheiben oder Himbeeren.

TOMATEN-SCHAFSKÄSE-AUFSTRICH

Zubereitungszeit
10 Minuten

Portionen
2

Allergenkennzeichnung
G Milch

Ersetzt du Topfen mit Skyr, hast du einen besonders cremigen Dip für den nächsten Grillabend – passend zu Grillgemüse, Fladenbrot oder gegrillten Maiskolben.

Statt Joghurt kann es auch ein neutraler Frischkäse sein.

ZUTATEN

2 Stk. (5 g) getrocknete Tomaten (ohne Öl)
2 EL (100 g) Topfen (Quark) 20 % F. i. T.
1 EL (25 g) Naturjoghurt
25 g Schafskäse in Lake (z. B. Feta)
1/2 TL (5 g) Tomatenmark
1 Knoblauchzehe
1/2 TL (3 g) mediterrane Kräuter (z. B. Oregano, Thymian, Rosmarin)
Salz, Pfeffer

Topping
4 Stk. (20 g) Kirschtomaten
1/2 TL (3 g) gehackte Petersilie
1 Stk. (3 g) getrocknete Tomate (ohne Öl)
10 g Schafskäse in Lake (z. B. Feta)

NÄHRWERTE

Pro Portion
506 kJ / 121 kcal
7,0 g Fett
davon 4,5 g gesättigte Fettsäuren
4,2 g Kohlenhydrate
davon 3,6 g Zucker
0,63 g Ballaststoffe
9,7 g Eiweiß
1,10 g Salz

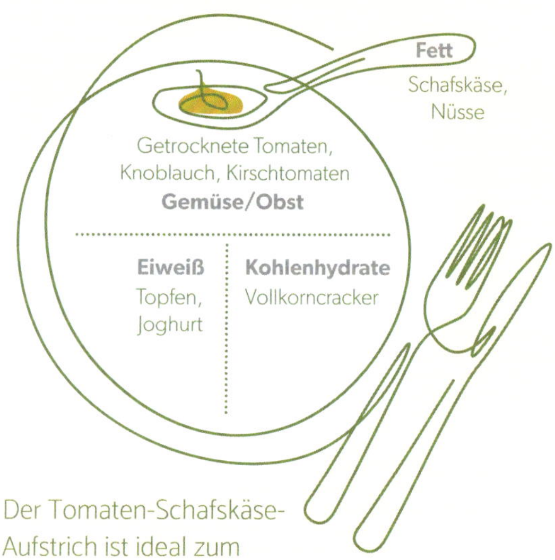

Der Tomaten-Schafskäse-Aufstrich ist ideal zum Dippen mit Vollkorncracker und ergibt mit einer Handvoll Kirschtomaten und zwei Esslöffel Nüssen eine ausgewogene Mahlzeit.

ZUBEREITUNG

1. Getrocknete Tomaten grob zerkleinern.
2. Tomatenstückchen mit Topfen, Joghurt, Schafskäse, Tomatenmark, Knoblauch und Kräutern in ein hohes Gefäß geben und mit einem Stabmixer pürieren.
3. Zuletzt mit Salz und Pfeffer abschmecken.
4. Aufstrich in eine Schale geben und mit gewaschenen und teils halbierten Kirschtomaten, Petersilie, getrockneten, klein geschnittenen Tomaten und Schafskäsebrösel garnieren.

DRESSINGS UND SALATE

Beilagensalat, Salatbowl, Schichtsalat im Glas: Für viele sind Salate heute bereits ein Fixpunkt der täglichen Ernährung. Kein Wunder, denn Salate können in unzähligen Varianten zubereitet werden und bieten optisch und geschmacklich Abwechslung am Esstisch.

Mit aromatischen Dressings werden Salate zudem so richtig aufgepeppt, sodass garantiert keine Langeweile aufkommt. Sogar Toppings lassen sich quasi endlos variieren – ich zeige dir eine besonders crunchige Version.

Salate sind in ihrer Vielfalt ein guter Bestandteil für deine gesunde und ausbalancierte Ernährung.

Sie sind meist wasser- und ballaststoffreich und bieten viele Vitamine, Mineralstoffe und Antioxidantien. Gleichzeitig sind sie kalorienarm.

Beachte besonders bei Salaten, dass du mit frischen Zutaten arbeitest. Schlappe Blätter sind keine so appetitanregenden Vitaminbringer! Wechsle deine Salatzutaten immer wieder aus – bunt ist Trumpf! Bei Salaten kannst du perfekt aus regionalen und saisonalen Angeboten schöpfen.

Gleich bekommst du noch ein paar Tipps, um richtig gute Dressings zuzubereiten ...

TIPPS ZU DRESSINGS

Shake it!

Dressings sind einfach und schnell gemacht. Dafür musst du lediglich alle Zutaten in ein sauberes Glas mit Schraubverschluss oder ähnliche Behältnisse mit Deckel geben, mit einer Gabel verquirlen und mit geschlossenem Deckel kräftig schütteln.

Dressings auf Vorrat zubereiten

Dressings kannst du in größeren Mengen vorbereiten und einige Tage im Kühlschrank aufbewahren. So ist jederzeit rasch ein selbst gemachtes Dressing griffbereit. Bevor du das Dressing verwendest, am besten das Schraubglas einmal kräftig schütteln.

Die perfekte Emulsion

Da sich Essig und Öl nicht miteinander verbinden, braucht es einen Emulgator im Dressing. Senf, Hummus, Tahini oder Joghurt übernehmen diese Funktion und das kräftige Schütteln des Schraubglases sorgt zusätzlich für eine homogene Konsistenz.

Bitte trocknen!

Damit sich das Dressing gut mit dem Salat verbinden kann und nicht verwässert, sollte der Salat möglichst trocken sein. Lass vor allem Blattsalate nach dem Abwaschen gut abtropfen oder trockne sie in einer Salatschleuder. Überschüssiges Wasser bewirkt, dass das Dressing von der Gemüseoberfläche abperlt, sodass sich das Aroma der Dressing-Gemüse-Verbindung nicht vollständig entfalten kann.

EINFACHE DRESSINGS

Egal ob für einen einfachen Blattsalat oder für einen bunten Beilagensalat – die folgenden Dressings bringen Abwechslung und Geschmacksboost in deine Salatschüssel.

HONIG-SENF-DRESSING

ZUTATEN	NÄHRWERTE
1 EL (10 ml) Öl deiner Wahl (z. B. Kürbiskern-, Oliven- oder Walnussöl)	**Für diese eine Portion**
1 EL (10 ml) Essig deiner Wahl (z. B. Balsamico- oder Apfelessig)	466 kJ / 113 kcal
1 EL (10 ml) Wasser	10,3 g Fett
1/2 TL (5 g) Senf (z. B. Estragonsenf)	davon 1,5 g gesättigte Fettsäuren
1/2 TL (5 g) Honig	4,3 g Kohlenhydrate
Salz, Pfeffer	davon 4,1 g Zucker
	0,07 g Ballaststoffe
	0,3 g Eiweiß
	0,11 g Salz

Allergenkennzeichnung
M Senf

ZUBEREITUNG FÜR ALLE DRESSINGS

1. Alle Zutaten in ein Glas mit Schraubverschluss geben und mit einer Gabel grob verrühren.
2. Glas mit dem Deckel verschließen und kräftig schütteln, sodass ein homogenes Dressing entsteht. Bei gröberen Zutaten wie zerbröseltem Schafskäse das Dressing mit einem Stabmixer fein pürieren, damit es wirklich gleichmäßig fein wird.

KRÄUTER-JOGHURT-DRESSING

ZUTATEN

4 EL (100 g) Naturjoghurt
1 EL (10 ml) Zitronensaft
1 EL (10 ml) Wasser
1 TL (5 ml) Öl deiner Wahl
Salz, Pfeffer
1 TL (5 g) gehackte Kräuter (frisch oder tiefgekühlt, z. B. Petersilie, Schnittlauch, Dille).

NÄHRWERTE

Für diese eine Portion
500 kJ / 120 kcal
8,8 g Fett
davon 3,0 g gesättigte Fettsäuren
4,9 g Kohlenhydrate
davon 4,9 g Zucker
0,24 g Ballaststoffe
4,1 g Eiweiß
0,11 g Salz

Allergenkennzeichnung
G Milch

HUMMUS-DRESSING

ZUTATEN

1/2 EL (25 g) Hummus (z. B. Rote-Rüben-Hummus von S. 64)
1 EL (10 ml) Öl deiner Wahl
1 EL (10 ml) Zitronensaft
1 EL (10 ml) Wasser
Salz, Pfeffer
1 Prise Kreuzkümmel (Cumin)

NÄHRWERTE

Für diese eine Portion
540 kJ / 131 kcal
12,0 g Fett
davon 1,8 g gesättigte Fettsäuren
3,3 g Kohlenhydrate
davon 1,2 g Zucker
0,9 g Ballaststoffe
1,4 g Eiweiß
0,19 g Salz

Allergenkennzeichnung
N Sesam

TAHINI-DRESSING

ZUTATEN

2 EL (20 g) Tahini (Sesammus)
1 EL (10 ml) Zitronensaft
1 EL (10 ml) Wasser
Salz, Pfeffer
1 Prise Kreuzkümmel (Cumin)

NÄHRWERTE

Für diese eine Portion
565 kJ / 137 kcal
12,2 g Fett
davon 2,0 g gesättigte Fettsäuren
0,4 g Kohlenhydrate
davon 0,3 g Zucker
1,79 g Ballaststoffe
5,1 g Eiweiß
0,11 g Salz

Allergenkennzeichnung
N Sesam

FETA-DRESSING

ZUTATEN

2 EL (60 g) Joghurt griechischer Art 2 % Fett
1 EL (10 ml) Zitronensaft
1 EL (10 ml) Olivenöl
25 g zerbröselter Schafskäse in Lake (z. B. Feta)
Salz, Pfeffer

NÄHRWERTE

Für diese eine Portion
856 kJ / 207 kcal
18,3 g Fett
davon 6,8 g gesättigte Fettsäuren
2,9 g Kohlenhydrate
davon 2,8 g Zucker
0,01 g Ballaststoffe
6,9 g Eiweiß
0,77 g Salz

Allergenkennzeichnung
G Milch

VORTEILE VON PFLANZENÖLEN AUF EINEN BLICK

Pflanzenöle ...

- **füttern dich mit immens wichtigen Nährstoffen:** Sie liefern Vitamin E, essenzielle Fettsäuren und sekundäre Pflanzenstoffe und sind somit echte Nährstoffpakete.

- **weisen je nach Sorte eine unterschiedliche Zusammensetzung der Fettsäuren auf:** Das Verhältnis der gesättigten zu einfach und mehrfach ungesättigten Fettsäuren ist entscheidend für die gesundheitlichen Eigenschaften eines Pflanzenöles. Heimisches Leinöl beispielsweise liefert besonders viele mehrfach ungesättigte Fettsäuren und hat somit punkto Gesundheit die Nase vorn. Allerdings soll Leinöl nur kalt auf deine Gerichte kommen. Da mehrfach ungesättigte Fettsäuren schnell ranzig werden, lagerst du die angebrochene Ölflasche am besten im Kühlschrank.

- **gibt es kalt gepresst oder raffiniert:** Bei kalt gepressten Pflanzenölen bleiben Vitamine, sekundäre Pflanzenstoffe und Aromen besser erhalten. Kalt gepresste Öle sind daher auch intensiver in Aroma und Farbe. Kalt gepresstes Oliven-, Walnuss-, Kürbiskern- oder Leinöl ist perfekt für deine kalte Küche (Aufstriche, Salate, Rohkost, zum Verfeinern fertiger Gerichte). Wechsle am besten kleine Flaschen durch und lagere geöffnete im Kühlschrank. Raffinierte Öle hingegen sind erhitzbar und geschmacksneutral. Sie eignen sich deshalb besonders gut zum Kochen, Braten, Dünsten, Dämpfen und Backen.

- **reichen in kleinen Mengen:** Zwei Esslöffel Pflanzenöl jeden Tag reichen völlig aus. Um diese täglich empfohlene Ölmenge zu erreichen, kannst du dir folgende Faustregel merken:
  - 1 EL kalt gepresstes Öl für den Salat
  - Je 1 TL raffiniertes Rapsöl pro Portion beim Kochen

  Wenn du beispielsweise mittags für Gemüse-Gnocchi und abends für eine wärmende Kürbiscremesuppe jeweils einen Teelöffel Rapsöl fürs Kochen brauchst, ergibt das einen Esslöffel Öl. Mittags kommt noch ein Salat mit einem Esslöffel kalt gepresstem Olivenöl hinzu und somit ist die Empfehlung für die tägliche Ölmenge erreicht.

- **sind überall einsetzbar:** Sie helfen dir beim Kochen, bei Salatdressings, beim Marinieren von Gemüse oder beim Verfeinern deiner Gerichte.

Kalt gepresste Öle nicht erhitzen! Nur kalt gepresstes Raps- bzw. Olivenöl hält bis zu 100 °C aus. Ansonsten können sich gesundheitsschädliche Stoffe bilden.

Die führenden Ernährungsgesellschaften empfehlen, raffiniertes Rapsöl zum Kochen und Backen zu verwenden. Es zeichnet sich durch ein besonders ausgewogenes Fettsäuremuster aufgrund der enthaltenen Omega-3-Fettsäuren aus, hat einen hohen Anteil an Vitamin E und ist besonders geschmacksneutral.

VORTEILE VON BLATTSALATEN AUF EINEN BLICK

Blattsalate …

- **liefern in ihren rohen Blättern 90–95 % Wasser, Vitamin C, Kalium, Magnesium, Ballaststoffe und Beta-Carotin:** Aufgrund des hohen Wassergehaltes ist Blattsalat eine ideale Vorspeise, da der gröbste Hunger abgefangen werden kann und der Magen optimal „vorgefüllt“ wird. So kann jede Hauptmahlzeit zu einer ausgewogenen Mahlzeit „getuned“ werden.

- **sind vielfältig:** Vom klassischen Eisberg- oder Häuptelsalat über Pflücksalate wie Vogerlsalat (Rapunzelsalat) und Rucola bis Batavia, Radiccio, Chinakohl, Endiviensalat, Chicorée oder Babyblattspinat zählen viele, auch bunte Sorten dazu. Sie haben geschmacklich einiges zu bieten und können je nach Lust und Laune mit verschiedenen Zutaten kombiniert werden. Kein Wunder also, dass für viele eine Hauptmahlzeit erst mit einem Salat komplett ist.

- **unterstützen deine Gesundheit:** Vor allem bittere Sorten wie Rucola, Chicorée, Endivie oder Radicchio zeichnen sich durch den hohen Gehalt an sekundären Pflanzenstoffen aus, die stoffwechselfördernd, leberschützend und entzündungshemmend wirken.

- **gibt es das ganze Jahr über frisch:** Selbst im Winter bieten sich heimische Blattsalate wie der Vogerlsalat (Rapunzelsalat) an.

- **machen wenig Arbeit:** Sie müssen nur kurz unter fließendem kalten Wasser gewaschen werden. Rasch mit einem Dressing gemischt – schon stehen sie innerhalb weniger Minuten genussfertig auf deinem Tisch.

- **lassen sich aufpeppen:** Als alleinige Hauptspeise schneiden Blattsalate schlecht ab, da sie nicht lange satt halten. Mit einer Kohlenhydratkomponente wie einem Stück Vollkornbrot, einem Eiweißlieferanten wie Schafskäse und einem Dressing mit einem hochwertigen Pflanzenöl hingegen macht eine Schüssel Salat schon mehr her.

SALATGRANOLA

Salattopping

Zubereitungszeit	Backzeit	Portionen	Allergenkennzeichnung
10 Minuten	20–30 Minuten	15	keine

ZUTATEN

100 g Buchweizen
100 g Kürbiskerne
100 g Sonnenblumenkerne
20 g Leinsamen
1/2 TL (3 g) Salz
2 EL (20 ml) Rapsöl
1 TL (10 g) Honig

Für eine vegane Variante kann der Honig durch Ahornsirup ersetzt werden.

NÄHRWERTE

Pro Portion
509 kJ / 122 kcal
8,2 g Fett
davon 1,1 g gesättigte Fettsäuren
6,3 g Kohlenhydrate
davon 0,6 g Zucker
1,95 g Ballaststoffe
4,9 g Eiweiß
0,20 g Salz

ZUBEREITUNG

1. Ofen auf 180 °C Ober- und Unterhitze vorheizen.
2. Ein Backblech mit Backpapier belegen.
3. Buchweizen in ein Sieb geben und unter heißem, fließendem Wasser gut durchspülen.
4. Kürbiskerne grob hacken.
5. Alle Zutaten in eine Schüssel geben und gründlich vermengen.
6. Granolamischung gleichmäßig auf dem vorbereiteten Backblech verteilen und in den Ofen schieben.
7. Nach etwa zehn Minuten das Blech aus dem Ofen nehmen und die Granolamischung wenden, damit alles gleichmäßig rösten kann.
8. Diesen Vorgang noch ein- bis zweimal wiederholen, bis das Granola durchgehend goldbraun gebacken ist.
9. Das Granola nach insgesamt 20–30 Minuten aus dem Ofen nehmen und auf dem Blech vollständig auskühlen lassen. So gelingt es besonders knusprig. Danach ist es in einer luftdicht verschlossenen Dose oder einem Schraubglas bis zu drei Wochen haltbar.

TIPP!

In einer ausgewogenen Mahlzeitengestaltung kann das Granola als Fettkomponente gewertet werden.

Das Salatgranola ist auch ein großartiges Geschenk aus der Küche: Das Granola in ein hübsches Glas mit Schraubverschluss füllen, nett beschriften, ein passend geschnittenes Stück Papier oder Stoff über den Deckel legen und mit einem Geschenkband fixieren. Fertig ist ein gesundes Mitbringsel, das bestimmt Freude bereitet!

Das Salatgranola kann durch Gewürze wie Paprikapulver, gemahlenen Kreuzkümmel (Cumin), Pfeffer, Kurkuma, Ingwerpulver oder Gewürzmischungen wie Ras el-Hanout oder Garam Masala geschmacklich variiert werden. So bekommt jeder Salat sein gewisses Extra!

BROTSALAT

Zubereitungszeit
15 Minuten

Allergenkennzeichnung
A Gluten G Milch

INFOBOX

Schon mal von Panzanella gehört?

Das ist ein italienischer Brotsalat, der traditionell in der Toskana als Vorspeise gegessen wird und heute weit über die italienischen Grenzen hinaus beliebt ist. Panzanella besteht aus landesüblichen italienischen Lebensmitteln wie Weißbrot, Tomaten, Zwiebeln, Basilikum und einer Olivenölmarinade. Ich habe das klassische Rezept etwas abgewandelt. Statt Weißbrot nehme ich Vollkornweckerl oder Vollkornbrot und den Gemüseanteil erhöhe ich durch zusätzlichen Blattsalat.

ZUTATEN

1 kleines Vollkornweckerl vom Vortag (oder 2 dünne Scheiben Vollkornbrot oder -toast)
1 TL (5 g) Rapsöl
1 kleine (30 g) Zwiebel
2 Handvoll (200 g) Gemüse deiner Wahl (z. B. Tomate, Gurke)
2 Handvoll (ca. 40 g) Blattsalat deiner Wahl (z. B. Rucola)
1/2 Kugel (ca. 60 g) Mozzarella 45 % F. i. T.

NÄHRWERTE

Für diese eine Portion
1 455 kJ / 348 kcal
17,2 g Fett
davon 8,4 g gesättigte Fettsäuren
27,3 g Kohlenhydrate
davon 8,4 g Zucker
7,32 g Ballaststoffe
16,8 g Eiweiß
1,12 g Salz

Für einen veganen Brotsalat kannst du den Mozzarella durch Bohnen, Kichererbsen oder gebratenen Tofu ersetzen.

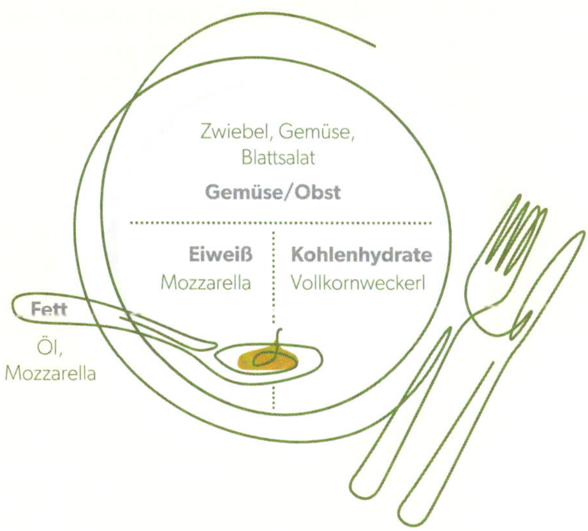

ZUBEREITUNG

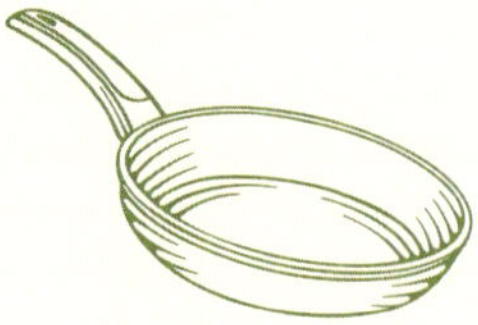

1. Vollkornweckerl in mundgerechte Stücke schneiden.
2. Rapsöl in einer beschichteten Pfanne erhitzen und die Gebäckstücke unter mehrmaligem Wenden knusprig anrösten.
3. Röstbrot zum Auskühlen auf einem Teller ausbreiten.
4. Zwiebel schälen und fein schneiden.
5. Gemüse waschen. Blattsalat auf ein Küchenpapier zum Trocknen legen oder eine Salatschleuder benutzen.
6. Fruchtgemüse in mundgerechte Stücke schneiden.
7. Mozzarella ebenfalls zerkleinern (schneiden oder zupfen).
8. Gemüse, Blattsalat und Mozzarella in eine Schüssel geben und mit einem Dressing deiner Wahl marinieren.
9. Zuletzt das geröstete Brot darauf verteilen.

RESTLOS GLÜCKLICH!

Der übrig bleibende Mozzarella kann für viele verschiedene Rezepte aus diesem Buch verwendet werden. Rezeptideen findest du im **Zutatenverzeichnis** auf S. 190.

REZEPTABWANDLUNG

Für eine steirische Variante dieses Brotsalates brauchst du: Vogerlsalat (Rapunzelsalat) statt Rucola, Käferbohnen statt Mozzarella und selbstverständlich ein Kürbiskernöldressing. Beim Vollkornweckerl passt in diesem Fall am besten eines aus Roggenvollkornmehl.

GRIECHISCHER NUDELSALAT

Zubereitungszeit
15 Minuten

Allergenkennzeichnung
A Gluten G Milch

ZUTATEN	NÄHRWERTE
	Für diese eine Portion
1 Handvoll (60 g) Vollkorn-Fusilli (roh)	1 533 kJ / 365 kcal
1 kleine (30 g) Zwiebel	9,8 g Fett
1 Handvoll (100 g) Kirschtomaten	davon 4,6 g gesättigte Fettsäuren
100 g Salatgurke	45,5 g Kohlenhydrate
3-4 Stk. (10 g) getrocknete Tomaten ohne Öl	davon 9,2 g Zucker
1 Handvoll (20 g) Blattsalat (z. B. Baby-Spinat)	12,71 g Ballaststoffe
25 g Schafskäse in Lake (z. B. Feta)	16,5 g Eiweiß
1 TL (5 g) Hanfsamen	1,43 g Salz

ZUBEREITUNG

1. Nudeln laut Packungsanleitung in Salzwasser bissfest kochen und abseihen.
2. Zwiebel schälen und in feine Würfel schneiden.
3. Gemüse waschen.
4. Tomaten und Gurke in mundgerechte Stücke schneiden.
5. Getrocknete Tomaten und Schafskäse ebenfalls klein schneiden.
6. Zuletzt die Salatzutaten samt den Hanfsamen entweder schichten oder lose mischen und das von dir gewählte Dressing darüber leeren.

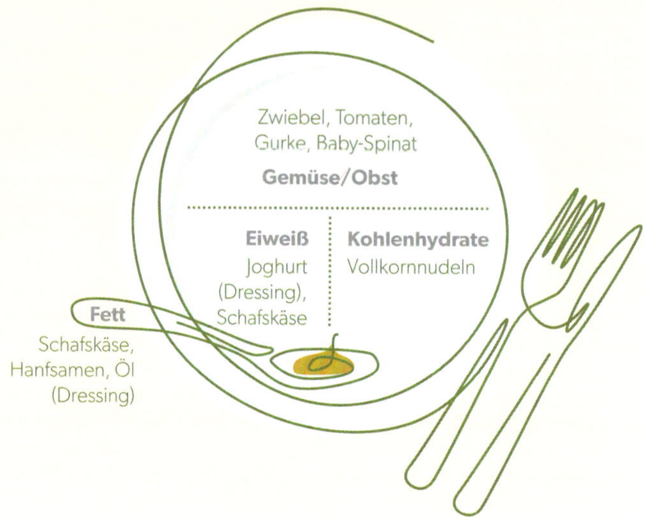

RESTLOS GLÜCKLICH!

Mit dem restlichen Schafskäse und den restlichen getrockneten Tomaten kann ein **Tomaten-Schafskäse-Aufstrich** (S. 69) gemacht werden.

TIPP!

Der griechische Nudelsalat ist ein ideales Meal-Prep-Gericht und kann bereits ein bis zwei Tage im Vorhinein zubereitet und im Kühlschrank aufbewahrt werden. Dafür schichtest du alle Salatzutaten in ein passendes Glas mit Schraubverschluss und nimmst das Dressing separat mit. Ideal für ein Mittagessen „to go"!

INFOBOX

Meal Prep – Vorkochen modern interpretiert

Meal Prepping, kurz Meal Prep, liegt zurzeit wieder voll im Trend. Es bedeutet nichts anderes als „Vorkochen". Meal-Prep-Gerichte werden ein bis vier Tage im Voraus zubereitet und im Kühlschrank gelagert und können dabei helfen, an stressigen Tagen Zeit zu sparen und trotzdem selbst zubereitete, gesunde Speisen zu genießen. Das ist nicht nur für die Gesundheit gut, sondern schont auch das Geldbörserl.

REZEPTABWANDLUNG

Die einzelnen Komponenten dieses Nudelsalates können beliebig ausgetauscht werden. Hier ein paar Ideen:

- Nudelsalat mit Roter Rübe, Apfel, Walnüssen und weißen Bohnen
- Nudelsalat mit Baby-Spinat, getrockneten Tomaten, Pinienkernen und Mozzarella
- Nudelsalat mit Käferbohnen, Vogerlsalat (Rapunzelsalat), Kürbiskernen und Ei
- Nudelsalat mit grünem Spargel, Erdbeeren, Cashewkernen und Schafsfrischkäse

ROTE-RÜBEN-COUSCOUS-SALATBOWL

ROTE-BEETE-COUSCOUS-SALATBOWL

Zubereitungszeit
20 Minuten

Allergenkennzeichnung
A Gluten G Milch

ZUTATEN

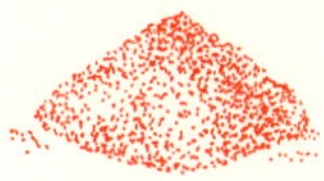

1 EL (15 g) Sonnenblumenkerne
3 1/2 EL (50 g) Vollkorncouscous
10 EL (100 ml) Flüssigkeit (Saft aus der Packung der vorgegarten Roten Rüben/Roten Beete + Wasser)
150 g vorgegarte Rote Rüben (Rote Beete)
50 g Schafskäse in Lake (z. B. Feta)
1 TL (5 g) gehackte Kräuter deiner Wahl (z. B. Thymian oder Rosmarin)
Salz, Pfeffer

---

1 EL Öl (10 ml) deiner Wahl
1 EL (10 ml) Zitronensaft

Du kannst natürlich auch jedes andere Dressing deiner Wahl verwenden.

NÄHRWERTE

Für diese eine Portion
2 216 kJ / 531 kcal
28,0 g Fett
davon 10,2 g gesättigte Fettsäuren
42,2 g Kohlenhydrate
davon 11,4 g Zucker
11,03 g Ballaststoffe
19,5 g Eiweiß
2,29 g Salz

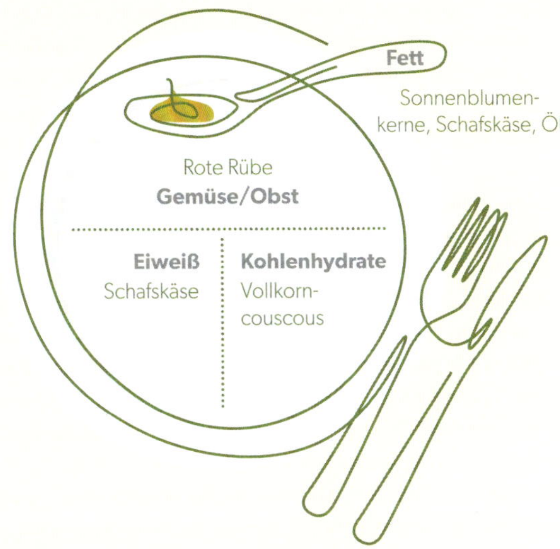

ZUBEREITUNG

1. Sonnenblumenkerne in einer heißen Pfanne ohne Öl anrösten, bis sie duften. Dann sofort zum Auskühlen auf einen Teller leeren.
2. Couscous in einen Topf geben, mit der Flüssigkeit aufgießen und alles einmal aufkochen lassen.
3. Dann die Herdplatte ausschalten und den Couscous in der Restwärme zugedeckt zehn Minuten quellen lassen.
4. Währenddessen die benötigten Roten Rüben in kleine Würfel schneiden.
5. Schafskäse ebenfalls in Würfel schneiden.
6. Rote Rüben, Schafskäse und Sonnenblumenkerne mit Couscous in einer Schüssel mischen.
7. Mit Kräutern verfeinern und mit Salz und Pfeffer abschmecken.
8. Mit Zitronensaft und Öl marinieren.

Am besten fixierst du jede Rote Rübe beim Schneiden mit einer Gabel, ansonsten bekommst du knallrote Finger.

REZEPTABWANDLUNG

- **Warme Rote-Rüben-Bowl (Rote-Beete-Bowl):** Ohne Dressing, dafür mit noch warmen Zutaten ergibt das Rezept eine leckere Rote-Rüben-Couscous-Bowl mit Schafskäse für kalte Wintertage.
- **Rote-Rüben-Hirse-Bowl (Rote-Beete-Hirse-Bowl):** Statt Couscous kannst du auch Hirse verwenden. Die 50 g Hirse in einem Sieb abspülen und in der doppelten Menge Wasser aufkochen. Bei mittlerer Hitze ca. zehn Minuten köcheln lassen, danach den Herd abschalten und die Hirse zugedeckt weitere zehn Minuten quellen lassen. Die Bowl wie oben beschrieben fertigstellen.

RESTLOS GLÜCKLICH!

Mit den Resten der Roten Rüben kannst du einen **Rote-Rüben-Hummus** machen (siehe S. 64).

TIPP!

Für eine vegane Variante fügst du statt Schafskäse Kichererbsen als Eiweißquelle hinzu. Würze diese gut (z. B. mit Ras el-Hanout oder Paprikapulver) und röste sie in einer beschichteten Pfanne mit 1 TL Rapsöl knusprig an.

SUPPEN

Wenn es draußen kälter wird und der Winter an die Tür klopft, geht doch nichts über eine wärmende Gemüsesuppe! Egal ob Kürbis, Karotten oder Erbsen – fast aus jedem Gemüse kannst du schnell und unkompliziert Suppen zubereiten. Suppenvariationen kannst du also nach Lust und Laune kreieren – so schmeckt Suppe nie langweilig, sondern immer nach deinem persönlichen Gusto.

VORTEILE VON GEMÜSESUPPEN AUF EINEN BLICK

Gemüsesuppen ...

- **sind gut für eine gestresste Verdauung:** Gekochtes und püriertes Gemüse in Form einer Suppe ist für einen gereizten Magen-Darm-Trakt ideal. Die Nährstoffe können besonders leicht aufgespalten werden, wodurch das Verdauungssystem entlastet wird.

- **können leicht vorgekocht werden (Stichwort Meal Prep):** Wenn an stressigen Tagen keine Zeit bleibt, um sich eine warme Mahlzeit zu kochen, können vorgekochte Suppen der Retter in der Not sein. Suppen können problemlos ein bis zwei Tage im Voraus zubereitet und im Kühlschrank aufbewahrt werden. Auch Einfrieren in geeigneten Behältern ist eine gute Option, um Suppen auf Vorrat herzustellen.

- **sind ideal, um mehr Gemüse zu essen:** Wer sich erst an Gemüse herantasten muss, wird mit Gemüsesuppen am glücklichsten sein. Die cremige Konsistenz, das wärmende Gefühl nach einer Suppe und der herzhafte Geschmack überzeugen die meisten. So wird Gemüse ein Fixpunkt der täglichen Ernährung.

- **sind rasch zubereitet:** Wenn du das Gemüse besonders klein schneidest oder mit einer Gemüsereibe raspelst, verkürzt du die Kochzeit auf fünf bis zehn Minuten. Danach muss alles nur noch cremig püriert werden und schon steht die Suppe essfertig auf dem Tisch.

ERBSENCREMESUPPE MIT ZUCCHINI

Zubereitungszeit
20 Minuten

Allergenkennzeichnung
A Gluten G Milch L Sellerie (Gemüsebrühe)

Für einen Geschmacks-boost kannst du frische Minze in die Suppe geben.

Lässt du den Schafskäse weg, ist die Suppe vegan.

ZUTATEN

1 kleine (30 g) Zwiebel
1 TL (5 ml) Rapsöl
50 g Zucchini
100 g Erbsen (z. B. tiefgekühlt)
ca. 200 ml Gemüsebrühe
(1/2 TL Gemüsebrühepulver + ca. 200 ml heißes Wasser)
Salz, Pfeffer

Topping
20 g Schafskäse in Lake (z. B. Feta)
1 Scheibe Vollkorntoast

NÄHRWERTE

Für diese eine Portion
1 023 kJ / 245 kcal
11,8 g Fett
davon 4,0 g gesättigte Fettsäuren
18,9 g Kohlenhydrate
davon 5,6 g Zucker
7,28 g Ballaststoffe
12,1 g Eiweiß
1,85 g Salz

RESTLOS GLÜCKLICH!

Mit dem restlichen Zucchini und dem übrigen Schafskäse kannst du eine schnelle **Ofen-Feta-Pasta** (S. 126) zubereiten.

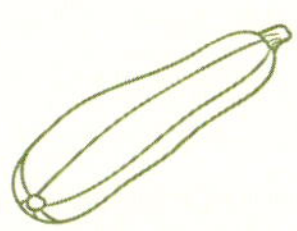

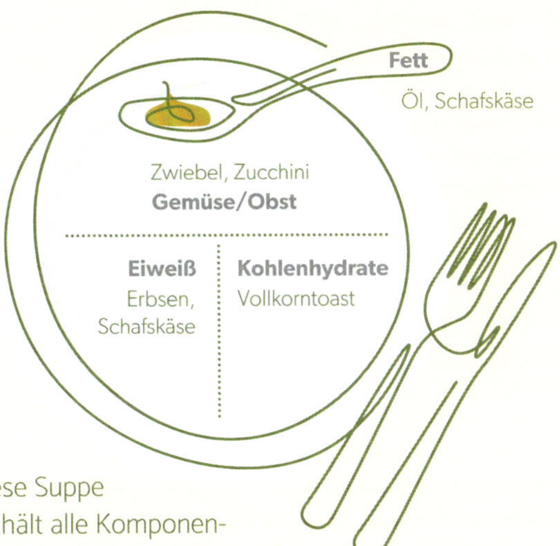

Diese Suppe enthält alle Komponenten einer ausgewogenen Mahlzeit und ist ideal, wenn der Hunger nicht allzu groß ist.

ZUBEREITUNG

1. Zwiebel schälen und fein schneiden.
2. Rapsöl in einem Topf erhitzen und die geschnittene Zwiebel darin glasig anschwitzen.
3. Währenddessen Zucchini waschen und mit einer Gemüsereibe die benötigten 50 g raspeln.
4. Erbsen und Zucchini in den Topf geben.
5. Gemüsebrühe in den Topf leeren, sodass alles mit Flüssigkeit bedeckt ist.
6. Bei geschlossenem Deckel etwa zehn Minuten köcheln lassen.
7. Inzwischen den Vollkorntoast in Würfel schneiden und in einer beschichteten Pfanne ohne Fett kross rösten.
8. Schafskäse in Würfel schneiden.
9. Zum Schluss die Suppe mit einem Stabmixer pürieren und mit Salz und Pfeffer abschmecken. Sollte die Suppe zu dick sein, kann noch etwas Wasser hinzugefügt werden.
10. Suppe in einen Teller leeren und mit Brotcroûtons und Schafskäse toppen.

KAROTTENCREMESUPPE

mit Vollkorncouscous und Schafskäse

Zubereitungszeit
20 Minuten

Allergenkennzeichnung
A Gluten G Milch L Sellerie (Gemüsebrühe)

Karotten mögen es dunkel und kühl. Sie lieben es, in ein feuchtes Tuch eingewickelt im Gemüsefach deines Kühlschrankes zu lagern. So bleiben sie bis zu zehn Tage genießbar. Das Grün entfernst du besser vor dem Lagern.

ZUTATEN

3 mittelgroße (180 g) Karotten
1 kleine (30 g) Zwiebel
1 TL (5 ml) Rapsöl
1 EL (10 g) Haferflocken
300–350 ml Gemüsebrühe
(1/2 TL Gemüsebrühepulver + 300–350 ml heißes Wasser)
Salz, Pfeffer

Topping
20 g Vollkorncouscous
40 ml Wasser
20 g Schafskäse in Lake (z. B. Feta)
1 EL (15 g) Sonnenblumenkerne
einige schmale Scheiben Lauch
etwas gehackte Petersilie

NÄHRWERTE

Für diese eine Portion
1 479 kJ / 355 kcal
18,3 g Fett
davon 4,7 g gesättigte Fettsäuren
30,2 g Kohlenhydrate
davon 4,8 g Zucker
9,92 g Ballaststoffe
12,0 g Eiweiß
1,83 g Salz

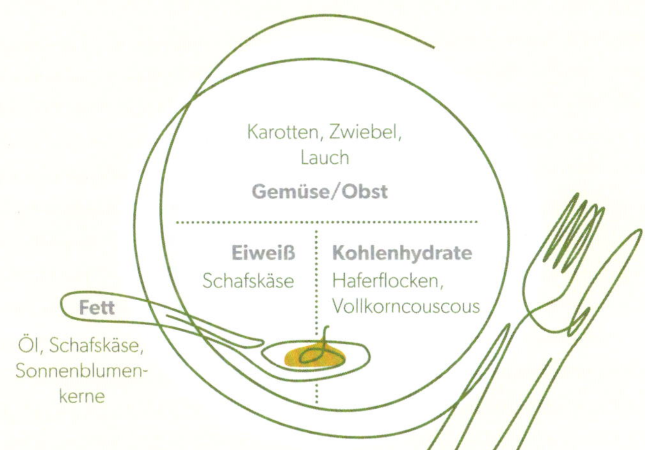

Die Suppe enthält alle Komponenten des Tellermodells und ist deshalb bei kleinem Appetit ideal. Für eine Mittagsmahlzeit, wenn die Sättigung bis zum Abend anhalten soll, empfehle ich zusätzlich eine Hauptspeise oder ein Dessert.

TIPP!

Die Karottencremesuppe kann geschmacklich nach Belieben verfeinert werden, hier ein paar Ideen für ergänzende Zutaten:

Gewürze
Gemahlener Ingwer, edelsüßes Paprikapulver oder Chilipulver bzw. fertige orientalische und indische Gewürzmischungen wie Ras el-Hanout, Curry oder Garam Masala

Kräuter
Liebstöckel, Koriander oder Kerbel

Sonstiges
Orangensaft, geriebener Apfel

ZUBEREITUNG

1. Karotten waschen, unsaubere Stellen entfernen und samt Schale mit einer Gemüsereibe grob raspeln.
2. Rapsöl in einem Topf erhitzen und die geschnittene Zwiebel darin glasig anschwitzen.
3. Haferflocken und Karotten hinzufügen und kurz mitrösten.
4. Mit Gemüsebrühe aufgießen.
5. Bei geschlossenem Deckel zehn bis zwölf Minuten köcheln lassen.
6. Währenddessen den Couscous in eine Schüssel geben.
7. Die 40 ml Wasser in einem Wasserkocher aufkochen und über den Couscous leeren.
8. Couscous zehn Minuten quellen lassen.
9. Schafskäse zerkleinern.
10. Zum Schluss die Suppe mit einem Stabmixer pürieren und mit Salz und Pfeffer abschmecken. Sollte die Suppe zu dick sein, kann noch etwas Wasser hinzugefügt werden.
11. Suppe gemeinsam mit Couscous, Schafskäse, Sonnenblumenkernen, Lauch und Petersilie anrichten.

RESTLOS GLÜCKLICH!

Die restlichen Karotten können für einen **Gemüsecouscous** (S. 109), für **Gemüse-Eiernockerl** (S. 112) oder **Linsenbolognese** (S. 147) verwendet werden.

KÜRBISCREMESUPPE

mit roten Linsen

Zubereitungszeit
20 Minuten

Allergenkennzeichnung
G Milch H Nüsse L Sellerie (Gemüsebrühe)

ZUTATEN

150 g von einem Hokkaido-Kürbis
1 EL (15 g) rote Linsen
1 kleine (30 g) Zwiebel
1 TL (5 ml) Rapsöl
ca. 200 ml Gemüsebrühe
(1/2 TL Gemüsebrühepulver + ca. 200 ml heißes Wasser)
Salz, Pfeffer

Topping
1 EL (50 g) Skyr
1 EL (15 g) gehackte Haselnüsse
etwas Petersilie

Hokkaido-Kürbis hat den großen Vorteil, dass du ihn mit seiner Schale verwenden kannst.

NÄHRWERTE

Für diese eine Portion
1 175 kJ / 282 kcal
14,7 g Fett
davon 1,3 g gesättigte Fettsäuren
19,1 g Kohlenhydrate
davon 10,2 g Zucker
7,11 g Ballaststoffe
14,2 g Eiweiß
1,49 g Salz

Für eine vegane Kürbiscremesuppe ersetzt du den Skyr durch (geröstete) Tofuwürfel.

Diese Kürbiscremesuppe ist eine ideale Vorspeise und kann mit einer schnellen Hauptspeise für eine optimale Sättigung kombiniert werden. Während die Suppe köchelt, kannst du beispielsweise eine **Pizza** (S. 137) zubereiten.

TIPP!

Die Suppe kann auch in der doppelten Portion gekocht und im Kühlschrank ein bis zwei Tage in einem geeigneten Gefäß, z. B. einem Glas mit Schraubverschluss, aufbewahrt werden. So ist an kalten Tagen eine wärmende Mahlzeit gesichert.

ZUBEREITUNG

1. Kürbis waschen und Kerngehäuse mit einem Löffel entfernen.
2. 150 g Kürbis in Spalten schneiden und mit einer Gemüsereibe grob raspeln.
3. Linsen in ein Sieb geben und unter fließendem Wasser abspülen, bis sie nicht mehr schäumen.
4. Zwiebel schälen und fein schneiden.
5. Rapsöl in einem Topf erhitzen und die geschnittene Zwiebel darin glasig anschwitzen.
6. Kürbis und Linsen hinzufügen.
7. Mit Gemüsebrühe aufgießen, sodass alles bedeckt ist.
8. Das Ganze etwa zehn Minuten bei geschlossenem Deckel köcheln lassen.
9. Zum Schluss die Suppe mit einem Stabmixer pürieren und mit Salz und Pfeffer abschmecken. Sollte die Suppe zu dick sein, kann noch etwas Wasser hinzugefügt werden.
10. Suppe in einen Teller leeren, mit Skyr, Haselnüssen und Petersilie toppen.

RESTLOS GLÜCKLICH!

Den restlichen Kürbis kannst du in einer Frischhaltefolie verpackt im Kühlschrank im Gemüsefach lagern und innerhalb weniger Tage aufbrauchen. Rezepte für die Weiterverwendung findest du im **Zutatenregister** (S. 190).

VORTEILE VON HOKKAIDO-KÜRBIS AUF EINEN BLICK

Hokkaido-Kürbis ...

- **ist die nährstoffreichste Kürbissorte:** Hokkaido-Kürbis ist der Star unter den Kürbissen, da er den höchsten Ballaststoff-, Mineralstoff- und Vitamingehalt im Vergleich zu anderen Kürbissorten aufweist.

- **unterstützt Niere und Blase:** Er enthält ungefähr 90 % Wasser und liefert reichlich Kalium. Dadurch wirkt Kürbis positiv auf Niere und Blase und kann die Harnbildung unterstützen.

- **schützt unsere Augen und unser Herz:** Der Hokkaido-Kürbis enthält viele sekundäre Pflanzenstoffe, vor allem Carotine, die das Risiko für Herz-Kreislauf-Erkrankungen reduzieren und die Sehkraft stärken können.

- **ist vielseitig:** Egal ob **Kürbiscremesuppe** (S. 95), **Kürbispuffer** (S. 151) oder **Kürbis-Feta-Pasta** (S. 128) – er bietet eine Vielfalt an Zubereitungsmöglichkeiten.

- **ist fast immer vorhanden:** Hokkaido-Kürbis hat von August bis in den November hinein Saison und kann in dieser Zeit aus heimischem Anbau gekauft werden. Er ist aber – richtig gelagert – mehrere Monate darüber hinaus haltbar. Hokkaido-Kürbisse halten am besten bei kühler Temperatur und im Dunkeln, also am besten im Keller oder in einem kühlen Abstellraum.

HAUPTSPEISEN

Kochen für eine Person – KEIN PROBLEM! Von klassischer Hausmannskost wie Kaspressknödel oder Eiernockerl bis zu modernen Rezepten wie One-Pot-Pasta oder Quesadilla – das und noch vieles mehr erwartet dich im folgenden Kapitel.

Wie du bereits weißt, sind meine Rezepte für eine Person ausgerichtet. Denn auch wenn du nur für dich allein kochst, sollst du es dir wert sein und eine ausgewogene, nährstoffreiche Speise zubereiten.

Viele denken, dass kochen für nur eine Person schwierig ist. Die Zutaten in der richtigen Menge einzukaufen, nur eine Portion zu kochen und dann die übrig gebliebenen Lebensmittel rechtzeitig aufzubrauchen und nicht wegzuwerfen, sind die typischen Stolpersteine.

Die folgenden Rezepte werden dir dabei helfen, genau diese Herausforderungen zu meistern. Und damit auch wirklich nichts in deinem Kühlschrank vergammelt und ein Abschreibposten für die Mülltonne wird, bekommst du bei jedem Rezept Tipps, wie du angefangene Lebensmittel(-packungen) geschickt weiterverwerten kannst. Am Ende des Buches findest du außerdem noch eine Zutatenliste, die dir zeigt, in welchen Rezepten du „Lebensmittelreste“ verbrauchen kannst.

BROKKOLI-NUDELAUFLAUF

Zubereitungszeit
30 Minuten

Backzeit
20–25 Minuten

Portionen
2

Allergenkennzeichnung
A Gluten G Milch

Für eine vegane Variante kannst du die Milch durch einen Pflanzendrink (z. B. Sojadrink) und den Käse durch eine vegane Alternative (z. B. Mandel-Cashew-Flocken oder Hefeschmelz) ersetzen.

ZUTATEN

120 g Vollkornnudeln
1 Stk. (ca. 300 g) Brokkoli

Béchamelsauce
1 EL (10 ml) Rapsöl
2 TL (10 g) Vollkornmehl
250 ml Milch
Salz, Pfeffer

2 TL (10 g) gehackte Kräuter
6 EL (60 g) geriebener Mozzarella 45 % F. i. T.

NÄHRWERTE

Pro Portion
2 131 kJ / 508 kcal
18,4 g Fett
davon 8,4 g gesättigte Fettsäuren
54,4 g Kohlenhydrate
davon 10,7 g Zucker
9,0 g Ballaststoffe
26,4 g Eiweiß
0,56 g Salz

ZUBEREITUNG

1. Nudeln in Salzwasser bissfest kochen, abseihen und beiseitestellen.
2. Brokkoli waschen, vom Strunk befreien und in Röschen teilen.
3. Leicht gesalzenes Wasser in einen Topf geben, sodass der Boden bedeckt ist. Brokkoli in diesem siedenden Wasser bei halb geschlossenem Deckel etwa zehn Minuten dünsten.
4. Für die Sauce in einem Topf Öl erhitzen, Mehl einrühren und unter Rühren kurz anschwitzen.
5. Sauce mit Milch aufgießen – dabei ständig mit einem Schneebesen gut rühren, damit keine Mehlklumpen entstehen. Béchamelsauce unter ständigem Rühren etwa drei Minuten leicht köcheln lassen, sodass eine dickliche Sauce entsteht.
6. Sauce mit Salz und Pfeffer würzen.

Für eine noch schnellere Variante kannst du das Backen im Ofen auch weglassen und eine einfache Brokkoli-Nudel-Pfanne mit Béchamelsauce daraus zaubern.

7. Ofen auf 180 °C Ober- und Unterhitze vorheizen.
8. Nudeln, Brokkoli und Sauce in einer Schüssel vermengen, mit Kräutern verfeinern und mit Salz abschmecken.
9. Brokkoli-Nudel-Mischung in eine passende ofenfeste Auflaufform füllen, mit geriebenem Käse bestreuen und für 20–25 Minuten im vorgeheizten Ofen backen, bis der Käse goldbraun ist.

TIPP!

Dieses Rezept habe ich bewusst für zwei Portionen erstellt, damit der Brokkoli auf einmal aufgebraucht wird. Eine Portion des Auflaufs kannst du in einem geeigneten Behälter im Kühlschrank für den nächsten Tag aufbewahren und so hast du auch für den Folgetag eine ausgewogene Mahlzeit. Zum Aufwärmen des Auflaufs den Ofen auf 180 °C Ober- und Unterhitze vorheizen und den Auflauf in einer ofenfesten Form 15 Minuten erwärmen.

Eine Portion kann auch in einem passenden Behälter (mit Datum und Bezeichnung beschriftet) eingefroren werden – zum Auftauen einfach über Nacht in den Kühlschrank stellen und am nächsten Tag wie beschrieben im Ofen erwärmen.

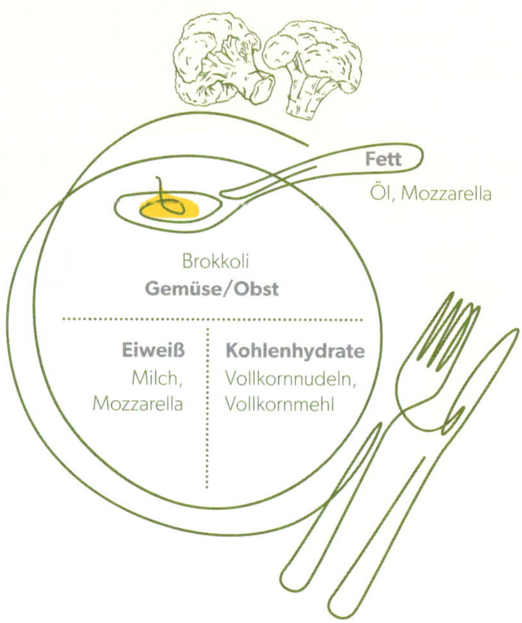

RESTLOS GLÜCKLICH!

Der übrig gebliebene Käse kann im Kühlschrank gelagert werden und ist eine ideale Komponente für eine **Quesadilla** (S. 144).

CHILI CON KÜRBIS

Zubereitungszeit 30 Minuten

Portionen 3

Allergenkennzeichnung keine

ZUTATEN

Statt Kürbis kann auch anderes Gemüse verwendet werden, z. B. Karotten oder ein zusätzlicher Paprika.

Die roten Linsen kannst du durch ein Sojagranulat oder Veggie-Faschiertes aus Erbsenprotein ersetzen.

1 kleine (30 g) Zwiebel
1 Knoblauchzehe
1/2 (60 g) roter Spitzpaprika
150 g von einem Hokkaido-Kürbis
150 ml Wasser
1 kleine Dose (140 g Abtropfgewicht) Mais
1 Dose (240 g Abtropfgewicht) Käferbohnen
50 g rote Linsen, roh
1 EL (10 ml) Rapsöl
1 EL (20 g) Tomatenmark
1 Pkg. (300 g) stückige Tomaten
Salz, Pfeffer
1 Prise Chili-con-Carne-Gewürzmischung
3–4 Stk. (10 g) getrocknete Tomaten (ohne Öl)

NÄHRWERTE

Pro Portion
1 057 kJ / 251 kcal
5,0 g Fett
davon 0,5 g gesättigte Fettsäuren
32,6 g Kohlenhydrate
davon 12,5 g Zucker
9,4 g Ballaststoffe
13,4 g Eiweiß
1,15 g Salz

TIPP!

Bewahre die beiden anderen vollständig ausgekühlten Chili-Portionen ein bis zwei Tage im Kühlschrank auf oder friere sie portionsweise in geeigneten, beschrifteten Behältnissen ein. Möchtest du dann das tiefgekühlte Chili essen, kannst du es entweder über Nacht im Kühlschrank auftauen lassen oder du gibst es im tiefgefrorenen Zustand in einen Topf und erwärmst es langsam bei mittlerer Hitze.

ZUBEREITUNG

1. Zwiebel und Knoblauch schälen. Zwiebel fein schneiden und Knoblauch fein hacken oder durch eine Knoblauchpresse drücken.
2. Paprika waschen, Kerngehäuse entfernen und das Fruchtfleisch in kleine Würfel schneiden.
3. Kürbis waschen, Kerngehäuse entfernen und das benötigte Fruchtfleisch mit einer Gemüsereibe grob raspeln.
4. Mais und Käferbohnen in ein Sieb leeren, abspülen und abtropfen lassen.
5. Rote Linsen ebenso in einem Sieb durchspülen.
6. Öl in einem Topf erhitzen, Zwiebel und Knoblauch darin anschwitzen.

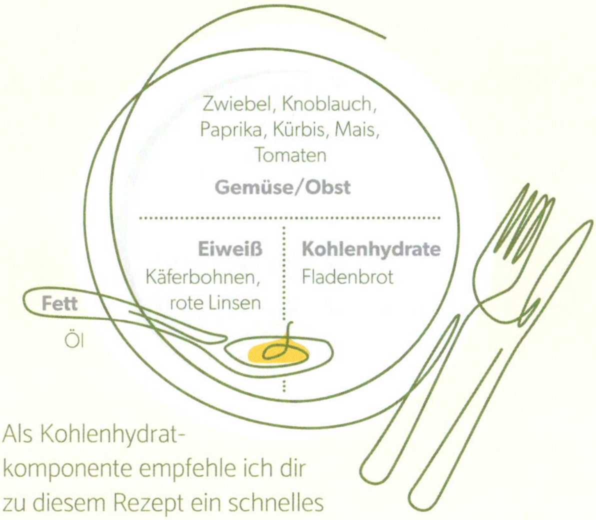

Als Kohlenhydrat-komponente empfehle ich dir zu diesem Rezept ein schnelles **Fladenbrot** (S. 42).

INFOBOX

Käferbohnen sind eine regionale Alternative zu Kidneybohnen und liefern viele Ballaststoffe, pflanzliche Proteine und Mineralien wie Calcium und Eisen.

RESTLOS GLÜCKLICH!

Die roten Linsen passen nicht nur in diesen Bohnen-Mais-Eintopf, sondern sind auch eine gute Basis für eine vegane **Linsenbolognese** (S. 147).

7. Tomatenmark hinzufügen und unter Rühren kurz mitrösten.
8. Kürbisraspel, Paprikawürfel und rote Linsen hinzufügen.
9. Mit Wasser aufgießen und zehn bis zwölf Minuten auf mittlerer Hitze bei geschlossenem Deckel köcheln lassen.
10. Danach die stückigen Tomaten samt Saft in den Topf geben.
11. Mais und Käferbohnen hinzufügen. Alles gut verrühren und erhitzen.
12. Mit Salz, Pfeffer und Chili-con-Carne-Gewürzmischung abschmecken.
13. Getrocknete Tomaten sehr fein schneiden und zuletzt ins fertige Chili einrühren.

Beim Anrichten kannst du noch einen Klecks Naturjoghurt oder Soja-Skyr und etwas gehackte Petersilie als Topping verwenden.

FLAMMKUCHEN MIT SPARGEL

Zubereitungszeit
25 Minuten

Backzeit
15 Minuten

Allergenkennzeichnung
A Gluten G Milch

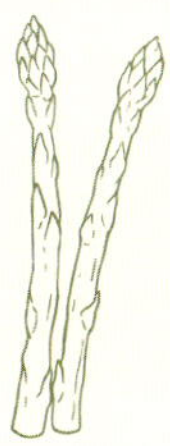

Statt Spargel kannst du auch anderes Gemüse (z. B. Zwiebelringe, dünne Zucchinischeiben, Paprikastreifen) verwenden.

Statt Topfen und Joghurt kannst du natürlich gleich (Kräuter-)Frischkäse zum Bestreichen des Teiges verwenden.

ZUTATEN

2 1/2 EL (50 g) Vollkornmehl
1 TL (5 ml) Rapsöl
1 Prise Salz
1 Prise Backpulver
3 EL (30 ml) Wasser

Belag

70 g grüner Spargel
1 EL (50 g) Topfen (Quark) 20 % F. i. T.
2 EL (50 g) Naturjoghurt
1 TL (5 g) gehackte Kräuter
1 Prise Salz

3 EL (30 g) geriebener Mozzarella 45 % F. i. T.

NÄHRWERTE

Für diese eine Portion
1 791 kJ / 427 kcal
17,9 g Fett
davon 7,9 g gesättigte Fettsäuren
39,4 g Kohlenhydrate
davon 7,6 g Zucker
5,4 g Ballaststoffe
23,2 g Eiweiß
1,1 g Salz

ZUBEREITUNG

1. Mehl, Öl, Salz, Backpulver und Wasser in eine Schüssel geben und mit einer Gabel gut verrühren. Den Teig für zehn Minuten in den Kühlschrank geben.
2. Währenddessen den Spargel waschen, evtl. holzige Enden entfernen und jede Stange längs halbieren.
3. Spargel in ein passendes Gefäß legen und mit kochendem Wasser übergießen.
4. Nach fünf Minuten den Spargel herausnehmen und auf einem Küchenpapier abtropfen lassen.
5. Ofen auf 200 °C Ober- und Unterhitze vorheizen.
6. Ein Backblech mit Backpapier belegen.
7. Nun den Teig auf einer bemehlten Arbeitsfläche kräftig durchkneten.
8. Teig dünn ausrollen und auf das Backblech legen.
9. Für die Creme Topfen mit Joghurt verrühren, gehackte Kräuter hinzufügen und mit Salz abschmecken.
10. Eine Hälfte der Creme auf den Boden streichen, sodass dieser gut bedeckt ist.
11. Zwei Drittel des Käses auf den Flammkuchen streuen.
12. Spargelstangen auf dem Teig verteilen und mit dem restlichen Käse bestreuen.
13. Im vorgeheizten Ofen 15 Minuten backen.
14. Fertigen Flammkuchen mit der anderen Hälfte der Creme als Dip anrichten.

Als Topping kannst du noch Samen, z. B. Hanfsamen, darüberstreuen.

REZEPTABWANDLUNG

- **Kürbis-Schafskäse-Flammkuchen:** 50 g Hokkaido-Kürbis samt Schale in sehr dünne Streifen schneiden. Eine halbe rote Zwiebel ebenfalls in Streifen schneiden. Flammkuchenteig laut Rezept mit Topfen-Joghurt-Creme bestreichen, mit Kürbis und Zwiebel belegen und 30 g Schafskäse darüberbröckeln. Wer möchte, kann zusätzlich 20 g gehackte Walnüsse als Topping hinzufügen. Flammkuchen laut Rezept im Ofen backen.
- **Veganer Flammkuchen:** den ausgerollten Flammkuchenteig mit **50 g Rote-Rüben-Hummus** (S. 64) bestreichen und laut Rezept fertigstellen. Als Dip Sojajoghurt bzw. Soja-Skyr mit Kräutern und Salz mischen.

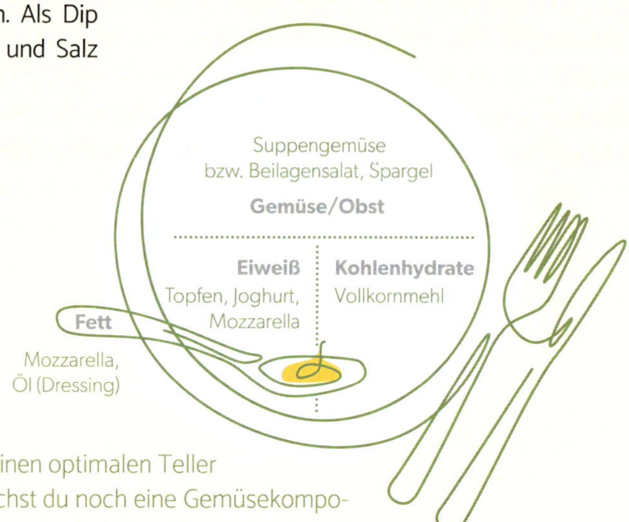

Für einen optimalen Teller brauchst du noch eine Gemüsekomponente. Wie wäre es als Vorspeise mit einer Spargelcremesuppe, um den restlichen Spargel zu verkochen? Oder du machst dir als Beilage einen knackigen Salat mit gedünstetem Spargel, Erdbeeren, Rucola und Olivenöl-Dressing.

GEMÜSECOUSCOUS MIT GRILLKÄSE

Zubereitungszeit
20 Minuten

Allergenkennzeichnung
A Gluten G Milch L Sellerie (Gemüsebrühe)

ZUTATEN

3 EL (50 g) Vollkorncouscous
1 Prise Gemüsebrühepulver
100 ml heißes Wasser
1 Handvoll (150 g) Gemüse (z. B. Karotte, Zucchini, Champignons)
1 TL (5 ml) Rapsöl
1 Prise Salz
1 Stk. (62,5 g) Grillkäse

NÄHRWERTE

Für diese eine Portion
1 639 kJ / 392 kcal
16,0 g Fett
davon 8,6 g gesättigte Fettsäuren
38,2 g Kohlenhydrate
davon 4,8 g Zucker
9,9 g Ballaststoffe
18,8 g Eiweiß
2,70 g Salz

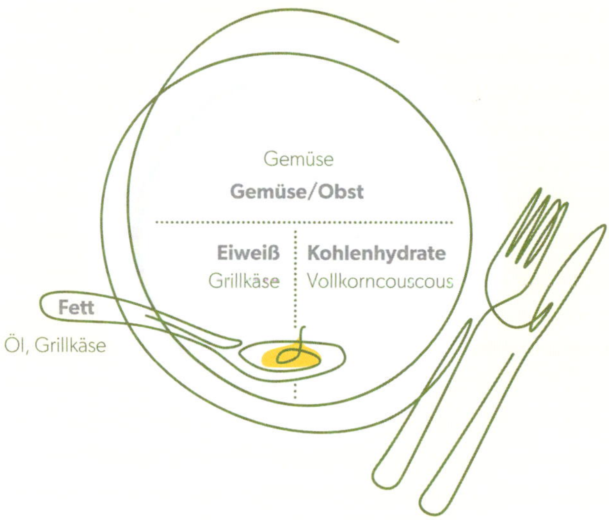

Du kannst den Grillkäse durch eine andere Eiweißkomponente ersetzen, z. B. durch Schafskäse- bzw. Tofuwürfel oder ein Ei. Falls du vegan essen möchtest, nimm 125 g vorgegarte Kichererbsen.

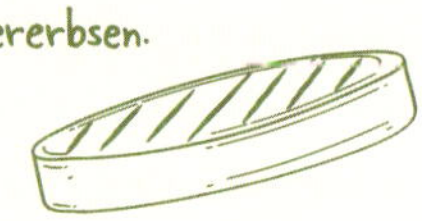

ZUBEREITUNG

1. Vollkorncouscous mit einer Prise Gemüsebrühe in eine Schüssel geben.
2. Heißes Wasser darübergießen und zehn Minuten quellen lassen.
3. Währenddessen das Gemüse waschen, gegebenenfalls schälen und mit einer Gemüsereibe raspeln bzw. klein schneiden.
4. In einer beschichteten Pfanne Öl erhitzen und das Gemüse darin zehn Minuten anbraten.
5. Couscous ebenfalls in die Pfanne geben, alles vermischen und mit Salz würzen.
6. Gemüsecouscous auf eine Seite der Pfanne schieben. In der anderen Pfannenhälfte den Grillkäse auf beiden Seiten anbraten.

INFOBOX

Couscous ist ein Getreideprodukt aus Weizen, das vor allem in der orientalischen und afrikanischen Küche beliebt ist. Am besten greifst du zu Vollkorncouscous. Dieser enthält mehr Ballaststoffe als herkömmlicher Couscous. Dadurch macht er länger satt und hält die Verdauung in Schwung. Mehr erfährst du auf der nächsten Seite.

VORTEILE VON COUSCOUS AUF EINEN BLICK

(Vollkorn-)Couscous ...

- **unterstützt die schnelle Küche:** Er wird nur mit der doppelten Menge heißem Wasser oder Brühe übergossen und muss dann einige Minuten quellen. Das geht so einfach, weil Couscous klassisch aus Hartweizengrieß hergestellt wird, indem dieser befeuchtet und zu kleinen Kügelchen geformt wieder getrocknet wird. Er sollte daher in keinem Vorratsschrank fehlen.

- **liefert vor allem in der Vollkornvariante perfekte Nährwerte:** Er ist eine ballaststoffreiche Kohlenhydratkomponente mit Vitamin E, B-Vitaminen und nicht zuletzt Selen, einem wichtigen Mineralstoff für das Immunsystem.

- **ist regional und vielfältig:** Couscous gibt es nicht nur aus Hartweizengrieß, der meist aus Europa stammt, sondern auch aus Dinkel oder Kichererbsen. Eine noch regionalere Alternative zu Couscous ist Hirse, die dem Couscous optisch ähnelt und genauso schnell und einfach zubereitet werden kann.

GEMÜSE-EIERNOCKERL
GEMÜSE-EIERSPÄTZLE

Zubereitungszeit
30 Minuten

Allergenkennzeichnung
A Gluten C Ei

ZUTATEN

3 EL (60 g) Vollkornmehl
1 Ei
3 EL (30 ml) Wasser
1 Prise Salz

Zum Fertigstellen

1 TL (5 ml) Rapsöl
1 Handvoll (150 g) geriebenes Gemüse (z. B. Zucchini, Karotte, Hokkaido-Kürbis)
1 Ei
1 TL (5 g) gehackte Kräuter
1 Prise Salz

Topping

1 TL (5 g) Samen (z. B. Hanfsamen)
1 TL (5 g) Sprossen (z. B. Kresse)

NÄHRWERTE

Für diese eine Portion
1 993 kJ / 476 kcal
19,3 g Fett
davon 4,2 g gesättigte Fettsäuren
45,1 g Kohlenhydrate
davon 7,8 g Zucker
9,8 g Ballaststoffe
25,4 g Eiweiß
0,58 g Salz

ZUBEREITUNG

1. Für die Nockerl Mehl in eine Schüssel geben.
2. In der Mitte des Mehls eine Mulde machen und Ei, Wasser und Salz hineingeben.
3. Mit einem Kochlöffel verrühren, bis eine zähflüssige Masse entsteht. Kurz rasten lassen.
4. Währenddessen in einem Topf leicht gesalzenes Wasser aufkochen.
5. Sobald das Wasser kocht, die Herdplatte auf niedrige Stufe zurückschalten.
6. Einen Spätzlehobel oder ein Spätzlesieb auf den Topf setzen.
7. Die Nockerlmasse portionsweise in das siedende Wasser hobeln bzw. mit einer Teigkarte durch das Sieb drücken.

Du kannst auch einfach mit einem Löffel kleine Nockerl abstechen und ins heiße Wasser gleiten lassen, wenn du keinen Hobel bzw. kein Spätzlesieb hast.

8. Die Nockerl bei niedriger Hitze etwa zehn Minuten ziehen lassen – dabei gelegentlich umrühren, damit nichts am Topfboden anklebt.
9. Wenn die Nockerl an der Oberfläche schwimmen, diese mit einem Schaumlöffel aus dem Wasser in ein Sieb umheben und dort abtropfen lassen.
10. Während die Nockerl abkühlen, in einer Pfanne Öl erhitzen und das geriebene Gemüse darin fünf bis zehn Minuten anbraten (evtl. mit ein bis zwei Esslöffel Wasser).
11. Spätzle in die Pfanne geben und alles gut vermischen.
12. Zuletzt das Ei hinzufügen, umrühren und stocken lassen.
13. Mit Kräutern und Salz verfeinern.
14. Gemüse-Eiernockerl auf einem Teller anrichten und mit Samen und Sprossen garnieren.

REZEPTABWANDLUNG

Käse-Gemüse-Eiernockerl: Diese Mischung aus Gemüse-Eiernockerl und Käsespätzle ist mein Favorit. Dafür gebe ich eine Handvoll geriebenen Käse, am liebsten geriebenen Mozzarella, über die noch heißen Gemüse-Eiernockerl.

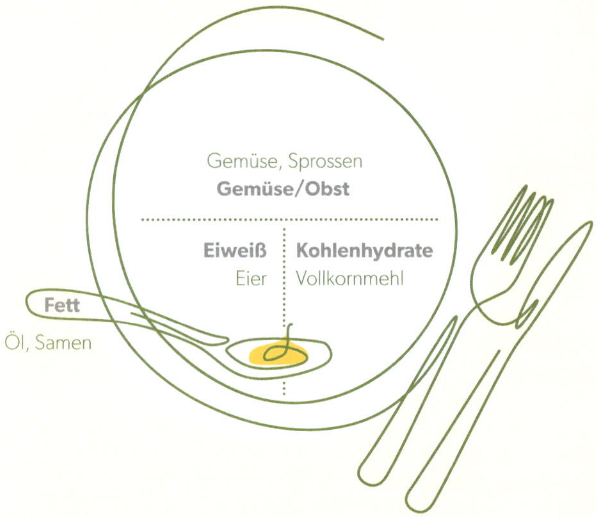

RESTLOS GLÜCKLICH!

Das restliche Gemüse passt dann hervorragend für **Puffer** (S. 151).

TIPP!

Für eine noch schnellere Variante kannst du statt selbst gemachter Nockerl Vollkornnudeln (50–80 g, roh gewogen) verwenden.

GEMÜSE-GNOCCHI

vom Blech

Mach doch gleich zwei Portionen und wärme die übrige Hälfte am nächsten Tag im Backofen bei 180 °C Ober- und Unterhitze für zehn Minuten auf oder iss sie kalt als Salat mit Essig-Öl-Dressing.

Zubereitungszeit
10 Minuten

Backzeit
15–20 Minuten

Allergenkennzeichnung
A Getreide C Ei

ZUTATEN

200 g Gemüse (z. B. Champignons, Zucchini, Aubergine, Paprika, Zwiebel, Karotte, Kürbis)
100 g Gnocchi
1 TL (5 ml) Rapsöl
Salz, Pfeffer
je 1 Prise Paprikapulver, Oregano

100 g Gnocchi sehen zwar im rohen Zustand wie eine Kinderportion aus, machen aber in Kombination mit dem Gemüse sehr gut satt.

Topping
1 TL (5 g) Samen (z. B. Sonnenblumenkerne, Hanfsamen)

NÄHRWERTE

Für diese eine Portion
1 212 kJ / 288 kcal
7,7 g Fett
davon 0,8 g gesättigte Fettsäuren
42,7 g Kohlenhydrate
davon 8,8 g Zucker
7,82 g Ballaststoffe
7,7 g Eiweiß
1,38 g Salz

ZUBEREITUNG

1. Ofen auf 200 °C Ober- und Unterhitze vorheizen.
2. Ein Backblech mit Backpapier belegen oder eine beschichtete Auflaufform verwenden.
3. Gemüse waschen, gegebenenfalls schälen, unsaubere Stellen entfernen und schneiden.

Weiches Gemüse wie Zucchini, Aubergine, Champignons oder Paprika können in der gleichen Größe wie die Gnocchi geschnitten werden. Härteres Gemüse wie Karotte oder Kürbis schneidest du besser noch kleiner, damit alles gleich gar wird.

4. Gemüse und Gnocchi in eine Schüssel geben, mit Öl, Salz, Pfeffer, Paprikapulver und Oregano würzen und gut durchmischen.
5. Gemüse-Gnocchi-Mischung auf das vorbereitete Backblech geben und ca. 15–20 Minuten in den vorgeheizten Ofen geben.
6. Fertige Gemüse-Gnocchi auf einem Teller anrichten und mit Samen bestreuen.

Bei diesem Gericht fehlt noch die Eiweißkomponente.
Hier ein paar Möglichkeiten, wie du Eiweiß dazu kombinieren kannst:

- 1 Becher Hüttenkäse (nach dem Backen unterrühren)
- 2 Handvoll vorgegarte Kichererbsen (untermengen und mitbacken)
- 50 g Schafskäse (kurz vor Ende der Backzeit darüberbröseln)
- Eiweiß in Form eines Desserts als zweiten Gang einplanen, z. B. **Himbeertiramisu** (S. 180)

RESTLOS GLÜCKLICH!

Die übrig gebliebenen Gnocchi kannst du portionsweise in geeigneten Behältern oder Gefrierbeuteln einfrieren. Wenn du die Gnocchi brauchst, einfach im tiefgefrorenen Zustand aufs Blech geben und 20 Minuten im Ofen backen. Für deine Gemüsereste findest du im **Zutatenverzeichnis** (S. 190) bestimmt ein passendes Rezept. Aubergine, Zucchini und Champignons verwende ich gerne als Belag für eine schnelle **Pizza** (S. 137).

HÜTTENKÄSETALER

Zubereitungszeit
15 Minuten

Allergenkennzeichnung
A Gluten G Milch

TIPP!

Hüttenkäsetaler schmecken auch kalt lecker und sind ein idealer Snack nach einer intensiven Sporteinheit. Sie versorgen die Muskeln mit hochwertigem Eiweiß für einen optimalen Muskelaufbau (evtl. noch zusätzlich mit Hüttenkäse toppen) und liefern Kohlenhydrate für eine schnelle Regeneration.

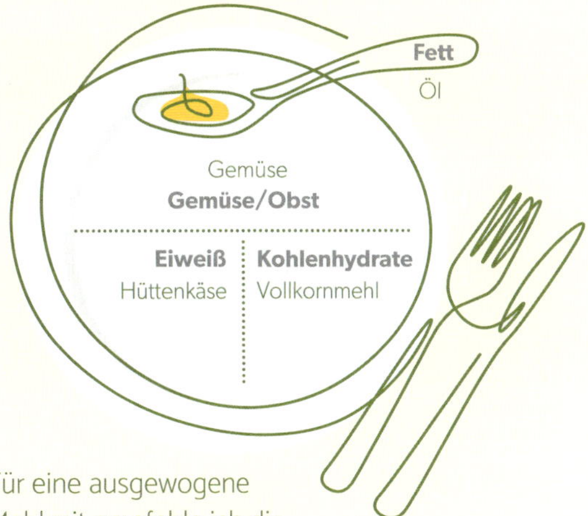

Für eine ausgewogene Mahlzeit empfehle ich dir, die Hüttenkäsetaler mit Salat zu essen. So bekommt die Mahlzeit mehr Volumen und füllt deinen Magen perfekt.

ZUTATEN

1/2 Handvoll (80 g) Gemüse (z. B. Tomaten, Paprika, Zucchini, Champignons, Karotte, Kürbis)
1 Pkg. (200 g) Hüttenkäse 10 % F. i. T.
2 1/2 EL (50 g) Vollkornmehl
Salz, Pfeffer
1 TL (5 g) gehackte Kräuter
1 TL (5 ml) Rapsöl

NÄHRWERTE

Für diese eine Portion
1 719 kJ / 408 kcal
10,8 g Fett
davon 0,6 g gesättigte Fettsäuren
41,6 g Kohlenhydrate
davon 9,9 g Zucker
6,29 g Ballaststoffe
32,4 g Eiweiß
1,80 g Salz

ZUBEREITUNG

1. Gemüse waschen. Das Fruchtfleisch in sehr kleine Stücke schneiden oder mit einer Gemüsereibe raspeln.
2. Das Gemüse mit Hüttenkäse und Mehl verrühren.
3. Mit Salz, Pfeffer und Kräutern würzen.
4. Mit befeuchteten Händen aus der Masse drei Taler formen.
5. In einer beschichteten Pfanne Rapsöl erhitzen und die Taler auf beiden Seiten knusprig anbraten.

RESTLOS GLÜCKLICH!

Falls dir ein Stück Zucchini übrig bleibt, kannst du damit einen **Zucchinischmarrn mit Kräuterjoghurt** (S. 160) machen. Das ist wie ein Kaiserschmarrn, nur in der pikanten Variante mit Käse und Zucchini. Hört sich ungewöhnlich an, schmeckt aber richtig lecker. Probiere es aus!

KASPRESSKNÖDEL

Zubereitungszeit
30 Minuten

Allergenkennzeichnung
A Gluten C Ei G Milch

ZUTATEN

50 ml Milch
1 Ei
2 Scheiben (50 g) Vollkorntoast
1 kleine (30 g) Zwiebel
1 TL (5 ml) Rapsöl
40 g geriebenes Gemüse (z. B. Zucchini, Karotte)
3 EL (30 g) geriebener Mozzarella 45 % F. i. T.
1 EL (20 g) Vollkornmehl
1 TL (5 g) gehackte Petersilie
Salz, Pfeffer

---

1 EL (20 g) Vollkornbrösel

---

1 TL (5 ml) Rapsöl für die Pfanne

NÄHRWERTE

Für diese eine Portion
2 391 kJ / 572 kcal
27,6 g Fett
davon 8,9 g gesättigte Fettsäuren
50,7 g Kohlenhydrate
davon 6,9 g Zucker
8,5 g Ballaststoffe
25,8 g Eiweiß
2,00 g Salz

Mit einem würzigen Käse – wie Bergkäse oder Emmentaler – erhalten die Knödel einen herzhaften Geschmack und kommen auch bei Gemüsemuffeln gut an.

ZUBEREITUNG

1. Milch und Ei verquirlen.
2. Eine Scheibe Vollkorntoast in Würfel schneiden, in eine Schüssel geben, mit dem Milch-Ei-Gemisch übergießen und zehn Minuten ziehen lassen.
3. Die andere Toastscheibe ebenfalls in Würfel schneiden.
4. Zwiebel schälen und fein schneiden.
5. Eine beschichtete Pfanne ohne Fett erhitzen und trockenen Brotwürfel darin rundherum anrösten.
6. Geröstete Brotwürfel in eine Schüssel geben und beiseitestellen.
7. Pfanne wieder auf die heiße Herdplatte stellen, einen Teelöffel Öl hineingeben und geschnittene Zwiebel darin glasig anschwitzen.
8. Geriebenes Gemüse hinzufügen und ebenfalls kurz anschwitzen.
9. Alle Zutaten samt Vollkornmehl, Petersilie und Mozzarella zu den eingeweichten Brotwürfeln geben, mit Salz und Pfeffer würzen und gut verrühren. Die Knödelmasse soll eine formbare, nicht zu trockene Konsistenz bekommen.
10. Vollkornbrösel in einen tiefen Teller geben.
11. Mit befeuchteten Händen aus der Masse zwei Laibchen formen und nacheinander in den Vollkornbröseln wenden, sodass auf der Ober- und Unterseite Brösel kleben bleiben.
12. In der Pfanne erneut einen Teelöffel Öl erhitzen.
13. Die Kaspressknödel auf beiden Seiten etwa fünf Minuten anbraten, bis sie eine goldbraune Farbe haben.

Für eine ausgewogene Mahlzeit empfehle ich dir, die Kaspressknödel mit einem Salat deiner Wahl zu essen.

RESTLOS GLÜCKLICH!

Das restliche Vollkorntoastbrot hebst du in der Verpackung gut verschlossen auf. Du kannst es zum Frühstück mit einem Aufstrich oder zum Abendessen als Toast mit einer Schüssel Blattsalat essen.

In Würfel geschnitten und in einer Pfanne angeröstet werden aus dem Brot leckere **Croûtons** für eine Cremesuppe oder ein Topping für deinen Salat.

Ist das Vollkorntoastbrot bereits zu trocken, kannst du **Vollkornbrösel** herstellen. Dafür müssen die Toastbrotscheiben völlig durchtrocknen – am besten jede Scheibe in Würfel schneiden, auf einem Backblech auflegen und ein bis zwei Tage offen liegen lassen. Danach kannst du sie in einer Küchenmaschine zu Bröseln vermahlen. Die Vollkornbrösel kannst du dann weiterverwenden für **Kohlrabischnitzel** (S. 123) – wieder eine Abwandlung, diesmal unseres heißgeliebten Wiener Schnitzels. Mit derart optimierter Hausmannskost lassen sich Gemüseverweigerer aus der Reserve locken.

TIPP!

Die Kaspressknödel sind auch eine ideale Suppeneinlage für eine klare Gemüsebrühe. Am besten formst du hierfür aus der Masse vier kleinere Laibchen. Einen Teil der fertigen Kaspressknödel kannst du nach dem vollständigen Auskühlen in einem geeigneten Behälter, mit Datum und Bezeichnung beschriftet, einfrieren. So hast du an kalten Tagen immer eine tolle Suppeneinlage griffbereit! Um die Knödel wieder aufzutauen, empfehle ich dir, sie über Nacht in einer verschlossenen Dose in den Kühlschrank zu geben. Dann musst du sie nur noch kurz in der heißen Suppe ziehen lassen.

KOHLRABISCHNITZEL

mit Joghurtdip

Zubereitungszeit
15 Minuten

Backzeit
ca. 30 Minuten

Allergenkennzeichnung
A Gluten C Ei G Milch

ZUTATEN

1 Stk. (ca. 200 g) Kohlrabi
1 Prise Salz
1 Ei
2 1/2 EL (50 g) Vollkornbrösel
1 EL (10 ml) Rapsöl
1 Prise Paprikapulver

Joghurtdip
4 EL (100 g) Naturjoghurt
1 Prise Salz
1 TL (5 g) gehackte Kräuter

NÄHRWERTE

Für diese eine Portion
2 002 kJ / 478 kcal
21,1 g Fett
davon 4,7 g gesättigte Fettsäuren
45,4 g Kohlenhydrate
davon 13,8 g Zucker
8,9 g Ballaststoffe
21,4 g Eiweiß
1,56 g Salz

Aus diesem Rezept können auch gesunde Pommes zubereitet werden. So geht's: Kohlrabi nicht in Scheiben, sondern in Stifte schneiden, wie unten beschrieben zubereiten und im vorgeheizten Ofen etwa 20 Minuten backen.

TIPP!

Die Kohlrabischnitzel sind nach 30 Minuten im Ofen bissfest. Wer die Schnitzel lieber weicher mag, kann die Kohlrabischeiben vor dem Panieren fünf Minuten in gesalzenem Wasser kochen. Danach abkühlen lassen, mit Küchenpapier trocken tupfen und laut Rezept fortfahren.

ZUBEREITUNG

1. Ofen auf 200 °C Ober- und Unterhitze vorheizen.
2. Ein Backblech mit Backpapier belegen.
3. Kohlrabi schälen und in ungefähr 5 mm dünne Scheiben schneiden.
4. Jede Kohlrabischeibe auf beiden Seiten leicht salzen.
5. Das Ei in einen tiefen Teller aufschlagen und mit einer Gabel verquirlen.
6. Vollkornbrösel in einen zweiten tiefen Teller geben.
7. Kohlrabischeiben jeweils zuerst in das Ei geben und rundherum damit benetzen, dann in die Brösel legen und diese auf allen Seiten andrücken.
8. Panierte Kohlrabischeiben auf das vorbereitete Blech geben.
9. Öl mit Paprikapulver verrühren und mit einem Pinsel auf die Kohlrabischnitzel tupfen. Das ergibt nach dem Backen eine intensive Farbe.
10. Kohlrabischnitzel ca. 30 Minuten im vorgeheizten Ofen backen.
11. Währenddessen alle Zutaten für den Joghurtdip mischen.
12. Fertige Kohlrabischnitzel mit Dip anrichten.

TIPP!

Nicht nur Kohlrabi, auch Sellerie oder Zucchini lassen sich zu leckeren Schnitzeln zubereiten. Ein halber Knollensellerie bzw. eine mittelgroße Zucchini reicht pro Person. Die Selleriescheiben musst du auf alle Fälle vorgaren, bei den Zucchini verkürzt sich die Backzeit hingegen sogar auf 15–20 Minuten.

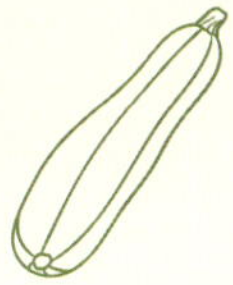

Damit die Mahlzeit mehr Volumen für eine bessere Magenfüllung bekommt, passt ein Blattsalat mit einem leichten **Kräuter-Joghurt-Dressing** (S. 74) gut dazu. Während die Kohlrabischnitzel im Ofen sind, ist ausreichend Zeit, den Salat vorzubereiten.

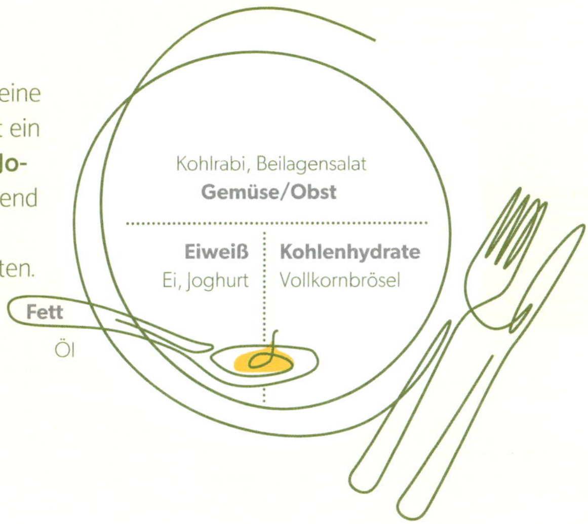

RESTLOS GLÜCKLICH!

Das restliche Naturjoghurt kann für ein Dessert wie z. B. ein **Himbeertiramisu** (S. 180) oder als Dip zu einem **Brokkoli-Nudelauflauf** (S. 100) verwendet werden.

OFEN-FETA-PASTA

Zubereitungszeit
10 Minuten

Backzeit
ca. 20 Minuten

Allergenkennzeichnung
A Gluten G Milch L Sellerie (Gemüsebrühe)

Wenn du kein Schafskäse-Fan bist, kannst du diesen auch durch Hirtenkäse ersetzen. Hirtenkäse wird aus Kuhmilch hergestellt und ist milder im Geschmack.

ZUTATEN

150 g Gemüse (z. B. Zucchini, Paprika)
60 g Vollkorn-Spiralnudeln, roh
1/2 Stk. (75 g) Schafskäse in Lake (z. B. Feta)
ca. 150 ml Gemüsebrühe (1/2 TL Gemüsebrühepulver + 150 ml heißes Wasser)

---

1 TL (5 g) gehackte Kräuter als Topping

NÄHRWERTE

Für diese eine Portion
1 898 kJ / 453 kcal
19,7 g Fett
davon 12,3 g gesättigte Fettsäuren
42,1 g Kohlenhydrate
davon 5,1 g Zucker
6,21 g Ballaststoffe
23,4 g Eiweiß
2,86 g Salz

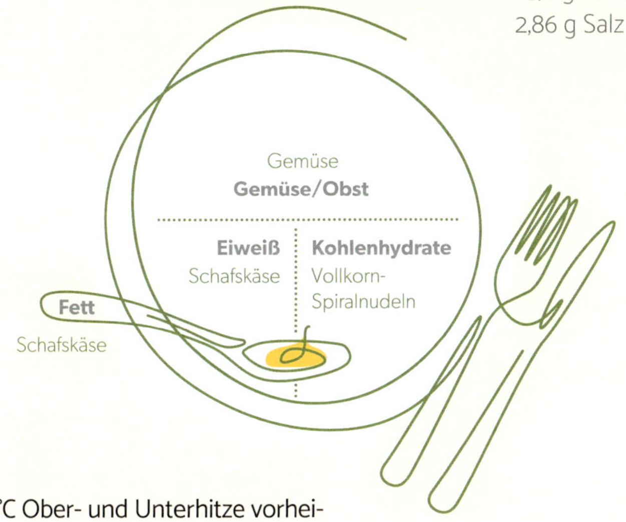

ZUBEREITUNG

1. Ofen auf 200 °C Ober- und Unterhitze vorheizen.
2. Gemüse waschen und das Fruchtfleisch in kleine Stücke schneiden.
3. Die rohen Nudeln in eine passende, beschichtete Auflaufform geben und das klein geschnittene Gemüse darüber verteilen.
4. Schafskäse mittig darauf platzieren.
5. Gemüsebrühe über die Nudeln gießen, sodass diese mit Flüssigkeit bedeckt sind.
6. Auflaufform für 20 Minuten in den vorgeheizten Ofen geben.
7. Nach dem Herausnehmen das Ganze mit zwei Gabeln durchmischen.
8. Die fertigen Feta-Nudeln auf einem Teller anrichten und mit gehackten Kräutern bestreuen.

Es kann sein, dass du mehr oder weniger Flüssigkeit brauchst. Gib aber nicht zu viel davon in die Auflaufform, sondern gieße lieber etwas nach, falls es zu wenig sein sollte.

Da die Garzeit je nach Nudelsorte unterschiedlich ist, am besten eine Nudel herausnehmen, abkühlen lassen und kosten. Wenn die Nudel al dente, also bissfest ist, kann die Auflaufform aus dem Ofen. Sollte die Nudel noch hart sein, weitere fünf Minuten garen und gegebenenfalls Wasser nachgießen.

REZEPTABWANDLUNG

Je nach Saison kannst du bei der Gemüseauswahl variieren. Hier ein paar Inspirationen:

- **Spargel-Pasta:** Im Frühling kannst du grünen Spargel verwenden. Dafür die Spargelstangen waschen, holzige Enden entfernen und den Spargel in mundgerechte Stücke schneiden. Rezept wie oben zubereiten.
- **Kürbis-Pasta:** kleine Kürbiswürfel und rote Zwiebelstücke in die Auflaufform geben und nach dem Garen mit gehackten Walnüssen und Salbei verfeinern.
- **Tomaten-Pasta:** bunte Kirschtomaten halbieren und über die Nudeln in die Auflaufform geben. Wie oben beschrieben zubereiten.

RESTLOS GLÜCKLICH!

Die Reste deiner verwendeten Saisongemüse kannst du mit Hüttenkäse, Vollkornmehl und Gewürzen zu **Hüttenkäsetalern** (S. 118) weiterverarbeiten.

VORTEILE VON SCHAFSKÄSE AUF EINEN BLICK

Schafskäse ...

- **ist vielfältig:** Schafskäse ist grundsätzlich ein Oberbegriff für alle Käsesorten aus Schafsmilch. Meist sind aber Weichkäsesorten gemeint, die in Salzlake eingelegt sind. Der bekannteste Vertreter davon ist Feta. Feta ist eine geschützte Ursprungsbezeichnung und der Käse darf nur Milch vom griechischen Festland und der Insel Lesbos enthalten. Neben Schafsmilch sind im Feta auch bis zu 30 % Ziegenmilch erlaubt. Andere Schafskäsesorten, die ebenfalls in Salzlake eingelegt sind, werden als „Schafsmilchkäse", „Schafskäse griechischer Art" oder „Weichkäse griechischer Art" bezeichnet. Diese Produkte enthalten dieselben Zutaten wie Feta. Der Unterschied liegt aber darin, dass die Milch aus anderen Ländern wie Frankreich, der Türkei oder Bulgarien stammt. Auch in Österreich gibt es mittlerweile Molkereien, die Schafsmilchkäse herstellen.

- **schmeckt intensiv:** Geschmacklich bestehen keine Unterschiede zwischen salzig-würzigem Feta und Schafsmilchkäse. Wer den intensiven Geschmack von Schafskäse an sich nicht mag, kann alternativ zu Hirtenkäse greifen. Hirtenkäse wird aus Kuhmilch hergestellt und hat deshalb einen angenehm milden Geschmack. Wer nur dem hohen Salzgehalt von Schafskäse in Lake entgehen möchte – also vor allem Personen mit erhöhtem Blutdruck – soll daher nur gelegentlich zugreifen und den Käse zuvor unter fließendem Wasser abspülen.

- **liefert ebenso wie Hirtenkäse im Käsevergleich mittlere Fettwerte:** Durchschnittlich isst du bei Schafskäse 20–25 g Fett pro 100 g. Wer Fett sparen möchte, kann zu fettreduzierten Varianten greifen, die 9–15 % Fett enthalten.

- **unterstützt die Knochengesundheit:** Schafskäse liefert reichlich Calcium, einen wichtigen Mineralstoff, der für den Erhalt von Knochensubstanz wichtig ist.

- **hilft dem Immunsystem:** Ein weiterer Mineralstoff, der in Schafskäse vorkommt, ist Zink. Zink ist an vielen Reaktionen im Immunsystem beteiligt und unterstützt außerdem die Zellerneuerung.

ONE-POT-PASTA

mit Spinat und Tomate

Zubereitungszeit
20 Minuten

Allergenkennzeichnung
A Gluten G Milch L Sellerie (Gemüsebrühe)

ZUTATEN

1 kleine (30 g) Zwiebel
1 Knoblauchzehe (optional)
2 Handvoll (50 g) frischer Spinat (oder tiefgekühlt)
1 Handvoll (100 g) Kirschtomaten
1 TL (5 ml) Rapsöl
ca. 150 ml Gemüsebrühe (1/2 TL Gemüsebrühepulver + 150 ml heißes Wasser)
60 g Vollkornnudeln (z. B. Spiralen)
1 EL (30 g) Frischkäse natur 45 % F. i. T.
Salz, Pfeffer

Für eine größere Portion kannst du 80 g Vollkornnudeln verwenden.

Topping
1/2 Kugel (60 g) Mozzarella 45 % F. i. T.

NÄHRWERTE

Für diese eine Portion
2 019 kJ / 482 kcal
21,5 g Fett
davon 11,3 g gesättigte Fettsäuren
43,2 g Kohlenhydrate
davon 6,4 g Zucker
9,48 g Ballaststoffe
23,9 g Eiweiß
1,69 g Salz

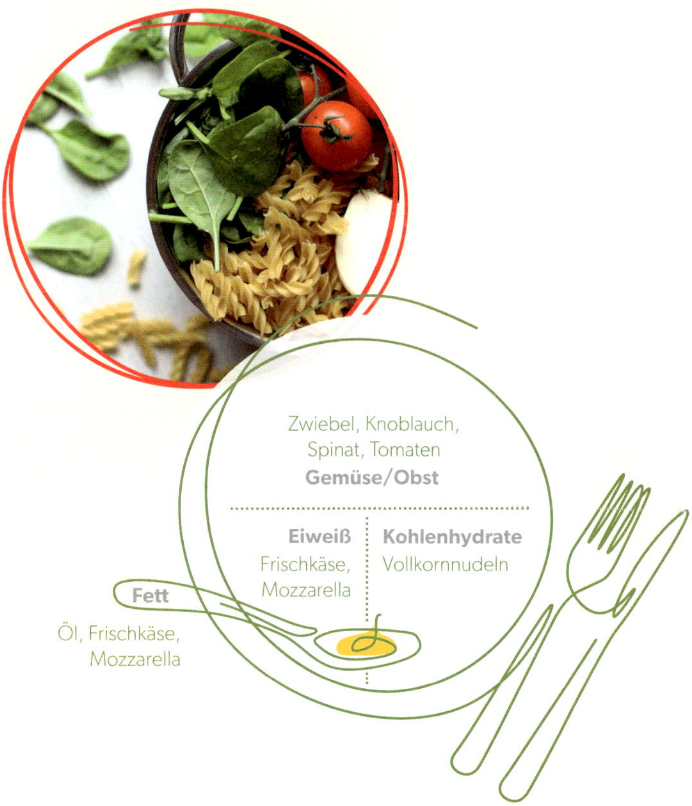

TIPP!

Frischen Blattspinat aus heimischem Anbau gibt es ab dem frühen Sommer bis in den Herbst hinein. Er ist in 100-g-Packungen in der Gemüseabteilung in Supermärkten erhältlich. Außerhalb dieser Saison kannst du auf tiefgekühlten Blattspinat aus Österreich zurückgreifen.

Einen ausführlichen Saisonkalender, also in welchen Monaten welche Gemüsesorten bei uns in Österreich geerntet und verkauft werden, findest du im öffentlichen Gesundheitsportal Österreich unter www.gesundheit.gv.at/leben/ernaehrung/saisonkalender

Wenn es bei mir besonders schnell gehen muss und mein Magen schon laut knurrt, lasse ich Zwiebel und Knoblauch einfach weg.

ZUBEREITUNG

1. Zwiebel und Knoblauch schälen.
2. Zwiebel fein schneiden, Knoblauchzehe pressen oder fein hacken.
3. Spinat in ein Sieb geben, waschen und abtropfen lassen. (Tiefgekühlten Spinat eventuell in einem Sieb auftauen lassen.)
4. Tomaten waschen und je nach Größe halbieren oder vierteln.
5. Öl in einem Topf erhitzen, Zwiebel und Knoblauch darin anschwitzen.
6. Spinat hinzufügen, umrühren und zusammenfallen lassen.

REZEPTABWANDLUNG

Du kannst statt Spinat und Tomaten auch andere Gemüsesorten verwenden:

- 150 g Zucchini oder Aubergine in Würfel geschnitten
- 150 g Champignons in Scheiben geschnitten
- Mein absoluter Favorit: die steirische Variante der One-Pot-Pasta mit 150 g geraspeltem Hokkaido-Kürbis

RESTLOS GLÜCKLICH!

1 EL Frischkäse und 1 Handvoll Tomaten auf einer Scheibe knusprigem Vollkornbrot und schon ist ein pikantes Frühstück oder die kalte Jause am Abend fertig – und das in nur wenigen Minuten.

Der restliche Spinat kann später als Salat gegessen oder für ein **Pfannenbrot mit Spinat-Schafskäse-Fülle** (S. 134) verwendet werden.

7. Tomaten und Vollkornnudeln ebenfalls in den Topf geben und mit Gemüsebrühe aufgießen, sodass alles mit Flüssigkeit bedeckt ist. Am besten nur so wenig Flüssigkeit wie nötig verwenden und gegebenenfalls nachgießen.
8. Bei geschlossenem Deckel sieben bis zehn Minuten leicht köcheln lassen – gelegentlich umrühren.
9. Sobald die Nudeln al dente sind und die Flüssigkeit verkocht ist, Frischkäse hinzufügen und unterrühren.
10. Zuletzt bei Bedarf mit Salz und Pfeffer abschmecken.
11. Mozzarella in Scheiben schneiden und gemeinsam mit den Nudeln anrichten.

Die Flüssigkeitsmenge kann je nach Nudelsorte variieren, vor allem Hörnchen oder Farfalle brauchen etwas mehr. Deshalb empfehle ich dir, anfangs nur 150 ml Flüssigkeit in den Topf zu geben. Wenn die Flüssigkeit verkocht ist, die Nudeln aber noch hart sind, kannst du noch einen Schluck Wasser hinzufügen.

TIPP!

Wusstest du, dass du frischen Blattspinat nicht nur zum Kochen, sondern auch als Salat verwenden kannst? So geht's: Blattspinat in einem Sieb gründlich waschen, abtropfen lassen, in einer Schüssel mit dem Dressing deiner Wahl marinieren und je nach Lust und Laune mit weiteren Zutaten, z. B. Tomate und Mozzarella bzw. Feta oder Apfelstücken und Walnüssen, verfeinern.

Wenn du frischen Spinat verwendet hast, kannst du den übrig gebliebenen Spinat mit einem Stück feuchter Küchenrolle in eine Schüssel geben, mit einem Deckel verschließen und auf der untersten Ebene im Kühlschrank oder bei ausreichend Platz im Gemüsefach lagern. So bleibt er ein bis zwei Tage frisch und knackig.

PFANNENBROT

mit Spinat-Schafskäse-Fülle

Zubereitungszeit
20 Minuten

Allergenkennzeichnung
A Gluten G Milch

ZUTATEN

2 1/2 EL (50 g) Vollkornmehl
1 Prise Backpulver
2 EL (50 g) Naturjoghurt
1 Prise Salz

Wie du frischen Blattspinat optimal lagerst, erfährst du auf S. 133.

Fülle

2 Handvoll (50 g) frischer Spinat (oder tiefgekühlt)
1 TL (5 ml) Rapsöl
Salz, Pfeffer
1 Prise Knoblauchpulver
20 g Schafskäse in Lake (z. B. Feta)
1 TL (5 g) Samen (z. B. Sonnenblumenkerne)

1 TL (5 ml) Rapsöl für die Pfanne

NÄHRWERTE

Für diese eine Portion
1 671 kJ / 400 kcal
20,3 g Fett
davon 5,5 g gesättigte Fettsäuren
35,7 g Kohlenhydrate
davon 4,5 g Zucker
5,47 g Ballaststoffe
14,3 g Eiweiß
1,43 g Salz

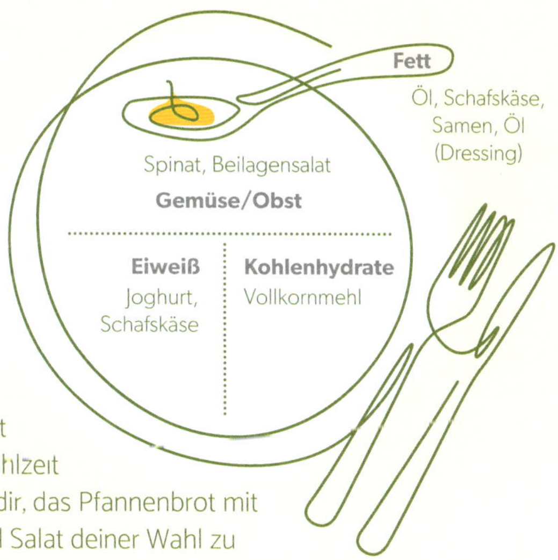

Für eine ausgewogene, gut sättigende Mahlzeit empfehle ich dir, das Pfannenbrot mit einer Schüssel Salat deiner Wahl zu kombinieren. So ist das Volumen der Mahlzeit ausreichend groß und dein Magen wird optimal gefüllt.

ZUBEREITUNG

1. Für den Teig Mehl mit Backpulver in einer Schüssel mischen und mit Joghurt und Salz mit einer Gabel zu einem kompakten Teig verrühren. Beiseitestellen.
2. Spinat in ein Sieb geben, waschen und abtropfen lassen.
3. Das Öl in einer beschichteten Pfanne erhitzen, Spinat hineingeben, umrühren und zusammenfallen lassen.
4. Mit Salz, Pfeffer und Knoblauch würzen.
5. Spinat in eine Schüssel geben und kurz abkühlen lassen.
6. Währenddessen den Teig auf einer bemehlten Arbeitsfläche kurz durchkneten und rund ausrollen.
7. Spinat auf dem Teigfladen platzieren, sodass außen ein kleiner Teigrand frei bleibt.

Ausreichend Mehl zum Ausrollen verwenden, damit nichts auf der Arbeitsoberfläche kleben bleibt.

Damit der Teig sicher nicht reißt, gib am besten nur zwei Esslöffel Spinat als Fülle auf den Fladen. Den restlichen Spinat kannst du als Beilage zum Pfannenbrot essen.

8. Schafskäse über die Fülle bröckeln und Samen darüberstreuen.
9. Den Teig von allen Seiten über die Fülle stülpen und gut verschließen.
10. Rapsöl in einer beschichteten Pfanne erhitzen.
11. Den gefüllten Fladen in die heiße Pfanne geben und auf beiden Seiten goldbraun braten.

TIPP!

Das Pfannenbrot mit Spinat-Schafskäse-Fülle ist auch als Meal Prep – also zum Vorkochen – geeignet und schmeckt am nächsten Tag sogar kalt sehr lecker.

RESTLOS GLÜCKLICH!

Der restliche Schafskäse kann in einem gut verschlossenen Behälter im Kühlschrank einige Tage aufbewahrt werden und ist eine ideale Eiweißkomponente in vielen Rezepten. Schlage am besten im **Zutatenverzeichnis** (S. 190) nach, bei welchen Rezepten Schafskäse benötigt wird.

PIZZA

Schnelle

Zubereitungszeit
15 Minuten

Backzeit
ca. 20 Minuten

Allergenkennzeichnung
A Gluten G Milch

Für eine vegane Variante kannst du ein ungesüßtes Bio-Sojajoghurt für den Teig nehmen und beim Belag den geriebenen Käse weglassen.

Ich verwende zum Würzen der Tomatensauce auch gerne ein fertiges Pizzagewürz, das meist aus Knoblauch, Zwiebeln und mediterranen Kräutern besteht.

ZUTATEN

2 1/2 EL (50 g) Vollkornmehl
1 Prise Salz
1 Prise Backpulver
2 EL (50 g) Naturjoghurt

2 EL (50 g) passierte Tomaten
Salz, Pfeffer
1 Prise Oregano

50 g Gemüsescheiben (z. B. Aubergine, Zucchini, Champignons)
30 g geriebener Mozzarella 45 % F. i. T.
20 g Schafskäse in Lake (z. B. Feta)
frische Basilikumblätter

NÄHRWERTE

Für diese eine Portion
1 654 kJ / 394 kcal
15,7 g Fett
davon 9,5 g gesättigte Fettsäuren
38,3 g Kohlenhydrate
davon 6,5 g Zucker
5,67 g Ballaststoffe
20,6 g Eiweiß
1,61 g Salz

ZUBEREITUNG

1. Ofen auf 200 °C Ober- und Unterhitze vorheizen.
2. Mehl, Salz und Backpulver in einer Schüssel mischen und mit dem Joghurt mit einer Gabel zu einem kompakten Teig verrühren.
3. Den Teig kurz rasten lassen.
4. Währenddessen für die Tomatensauce die passierten Tomaten mit Salz, Pfeffer und Oregano würzen.
5. Das Gemüse für den Belag waschen und in dünne Scheiben schneiden.
6. Ein Backpapier mit Mehl bestauben und den Teig direkt am Backpapier ausrollen.
7. Teig samt Backpapier aufs Backblech ziehen.
8. Pizzateig mit Tomatensauce bestreichen, Gemüsescheiben darauf verteilen und Käse darüberstreuen. Mit zerbröseltem Schafskäse toppen.
9. Pizza ca. 20 Minuten im vorgeheizten Ofen backen.
10. Fertige Pizza mit Basilikum garnieren.

TIPP!

Passierte Tomaten, auch Tomatenpüree genannt, sind ein Tomatenmus, das ich gerne als Zutat in vielen meiner Gerichte verwende. Ich kaufe es meist in kleinen 200-g-Packungen und habe immer mehrere davon auf Vorrat zu Hause. Das Tomatenmus besteht aus gedünsteten, passierten Tomaten und Salz.

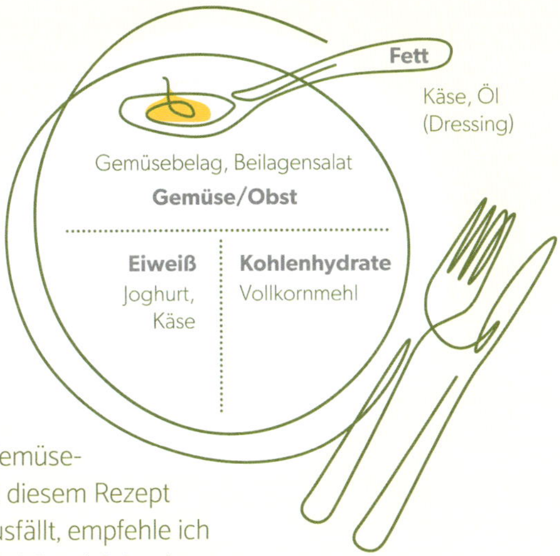

Da der Gemüseanteil bei diesem Rezept gering ausfällt, empfehle ich dir, eine Schüssel Salat dazu zu essen. Während die Pizza im Ofen ist, bleibt ausreichend Zeit, diesen vorzubereiten.

RESTLOS GLÜCKLICH!

Der Rest von den passierten Tomaten kann in einem geeigneten Behälter, z. B. einem sauberen Schraubglas, einige Tage im Kühlschrank aufbewahrt werden. Um die passierten Tomaten aufzubrauchen, kannst du damit eine **Linsenbolognese** (S. 147), eine **Zucchinipizza** (S. 157), eine **Tomaten-Paprika-Pfanne mit Ei** (S. 154) oder **Tomaten-Mozzarella-Gnocchi aus dem Ofen** (S. 152) machen.

Der geriebene Mozzarella kann in der Packung gut verschlossen ein paar Tage im Kühlschrank aufbewahrt werden. Rezeptideen zur Weiterverwendung findest du im **Zutatenverzeichnis** (S. 190).

Dir bleiben Reste vom Gemüse übrig? Kein Problem, zaubere daraus einen leckeren **Polentaauflauf mit mediterranem Gemüse** (S. 140)!

POLENTAAUFLAUF

mit mediterranem Gemüse

Zubereitungszeit
15 Minuten

Backzeit
20 Minuten

Allergenkennzeichnung
G Milch L Sellerie (Gemüsebrühe)

ZUTATEN

250 ml Gemüsebrühe (1/2 TL Gemüsebrühepulver + 250 ml heißes Wasser)
3 EL (50 g) Polenta (Maisgrieß)
1 Handvoll (150 g) Gemüse (z. B. Aubergine, Zucchini, Kirschtomaten)
1 kleine (30 g) Zwiebel
1 TL (5 ml) Rapsöl
Salz, Pfeffer
1TL (5 g) gehackte mediterrane Kräuter
50 g Schafskäse in Lake (z. B. Feta)
1 TL (5 g) Samen (z. B. Sonnenblumenkerne)

---

1 TL (5 ml) Rapsöl für die Form

Hier passt genauso ein Pizzagewürz bestehend aus Knoblauch, Zwiebel und getrockneten Kräutern.

NÄHRWERTE

Für diese eine Portion
2 009 kJ / 481 kcal
25,5 g Fett
davon 9,1 g gesättigte Fettsäuren
43,0 g Kohlenhydrate
davon 5,8 g Zucker
5,1 g Ballaststoffe
17,1 g Eiweiß
2,94 g Salz

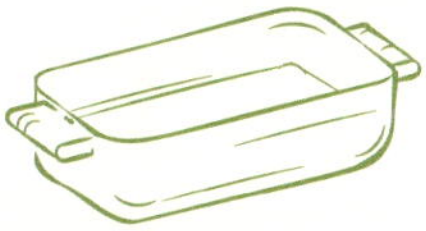

ZUBEREITUNG

1. Gemüsebrühe in einem Topf aufkochen.
2. Polenta einrieseln lassen und unter ständigem Rühren aufkochen.
3. Auf niedrige Hitze zurückschalten und fünf Minuten quellen lassen – dabei gelegentlich umrühren.
4. Währenddessen Ofen auf 200 °C Ober- und Unterhitze vorheizen.
5. Eine kleine Auflaufform mit Öl bepinseln.
6. Gemüse waschen.
7. Aubergine und Zucchini in kleine Würfel schneiden, Tomaten halbieren.
8. Zwiebel schälen und fein schneiden.
9. Aubergine, Zucchini, Tomaten und Zwiebel in eine Schüssel geben, mit Salz, Pfeffer und Kräutern gut würzen und gründlich vermengen.
10. Fertige Polenta in die vorbereitete Auflaufform füllen.
11. Gemüsemischung darauf verteilen und zuletzt den Schafskäse darüberbröseln.
12. Samen darüberstreuen.
13. Auflauf für 20 Minuten in den vorgeheizten Ofen geben.

Für eine vegane Variante nimmst du als Eiweißkomponente statt Schafskäse Kichererbsen oder Tofuwürfel. Auch ein Bohnen- oder Linsensalat als Beilage ergibt eine ausgewogene Mahlzeit.

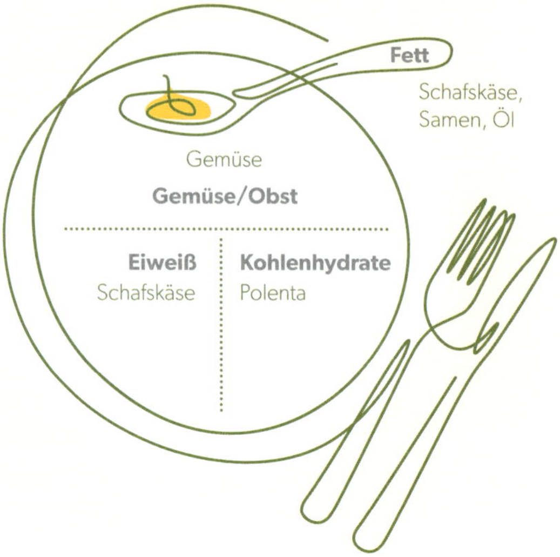

RESTLOS GLÜCKLICH!

Hier ein paar Ideen für den übrigen Maisgrieß:

Frühstückspolenta: Polenta in der fünffachen Menge Milch oder Pflanzendrink kochen, mit geriebenem Apfel und Zimt verfeinern. Je nach Bedarf mit Honig süßen und mit gehackten Nüssen toppen.

Polenta als Beilage: Polenta in der fünffachen Menge Gemüsebrühe kochen und mit weiteren Zutaten verfeinern (z. B. Kräutern, Frischkäse, Schafskäse, getrockneten Tomaten).

Polentapizza: Polenta in der fünffachen Menge Gemüsebrühe kochen und auf ein mit Backpapier belegtes Backblech fingerdick aufstreichen. Mit Tomatensauce bestreichen und nach Lust und Laune belegen. Im Ofen bei 160 °C Ober- und Unterhitze ca. 15 Minuten backen.

Mit dem restlichen Schafskäse kannst du ein ganz besonders einfaches Rezept machen: **Ofen-Feta-Pasta** (S. 126).

VORTEILE VON POLENTA (MAIS-GRIESS) AUF EINEN BLICK

Polenta (Maisgrieß) ...

- **ist ein regionales, leicht erhältliches Getreideprodukt:** Polenta wird aus grob gemahlenem, ungeschältem Mais hergestellt. Der handelsübliche Maisgrieß ist meist vorgedämpft. So ist er in fünf bis zehn Minuten fertig zubereitet. Im Supermarkt findest du Maisgrieß meist in der Mehl- und Getreideprodukte-Abteilung.

- **macht satt:** Maisgrieß ist eine ideale Kohlenhydratquelle und liefert zudem Ballaststoffe aus der Maisschale. Mit einer Gemüse- und Eiweißkomponente ergibt sich daraus eine optimale, gut sättigende Mahlzeit.

- **liefert wichtige Nährstoffe:** Maisgrieß ist zwar keine Nährstoffbombe, liefert aber dennoch gute Mengen an Vitamin B1, B6, Magnesium, Kalium und Beta-Carotin, ein sekundärer Pflanzenstoff für gute Sehkraft und schöne Haut. Auch der Eiweißanteil ist mit 7 % passabel. Durch die Kombination von Mais mit Bohnen erhöht sich die Eiweißqualität sogar, was vor allem in der pflanzenbasierten Ernährung ein Vorteil ist.

- **ist vielseitig einsetzbar:** Maisgrieß hat einen leicht nussigen Geschmack und kann sowohl pikant als auch süß zubereitet werden.

- **ist gut auf Vorrat zu lagern:** Maisgrieß ist kühl und trocken gelagert mehrere Monate haltbar. So ist er vor allem für die schnelle Küche eine optimale Zutat und kann deshalb auch als wahres „Fast Food“ bezeichnet werden.

QUESADILLA

Zubereitungszeit
30 Minuten

Allergenkennzeichnung
A Gluten   C Ei   G Milch

ZUTATEN

3 EL (60 g) Vollkornmehl
1 Prise Salz
1 Prise Backpulver
1 TL (5 ml) Rapsöl
3 EL (30 ml) Wasser

Fülle
50 g Champignons
50 g frischer Spinat
1 TL (5 ml) Rapsöl
1 Ei
1 Prise Salz
2 EL (20 g) geriebener Mozzarella 45 % F. i. T.

NÄHRWERTE

Für diese eine Portion
1 964 kJ / 469 kcal
22,3 g Fett
davon 5,6 g gesättigte Fettsäuren
40,2 g Kohlenhydrate
davon 2,0 g Zucker
7,1 g Ballaststoffe
22,3 g Eiweiß
1,29 g Salz

ZUBEREITUNG

1. Für den Teig alle Zutaten in eine Schüssel geben, mit einer Gabel grob verrühren und dann mit den Händen zu einer kompakten Kugel verkneten.
2. Teig zehn Minuten abgedeckt rasten lassen.
3. Währenddessen Champignons und Spinat waschen und abtropfen lassen.
4. Champignons in Scheiben schneiden.
5. Danach den Teig auf einer bemehlten Arbeitsfläche mit einem Rollholz pfannengroß rund ausrollen. Der Teig wird sehr dünn – nur so lässt er sich nach dem Backen rollen.
6. Eine Pfanne ohne Fett stark erhitzen.
7. Sobald die Pfanne sehr heiß ist, Teig hineinlegen und zwei Minuten anbraten lassen, bis sich auf der Oberfläche Blasen bilden.
8. Dann die Teigflade umdrehen und weitere zwei Minuten anbraten.
9. Inzwischen zwei Stück Küchenrolle nass machen, ein Blatt auf einen Teller legen.
10. Fertige Teigflade herausnehmen, auf das feuchte Küchenpapier legen und sofort mit dem zweiten feuchten Küchenpapier bedecken – auskühlen lassen.
11. Die Pfanne mit einem Stück trockener Küchenrolle auswischen und wieder auf die heiße Herdplatte stellen.
12. In der Pfanne Rapsöl erhitzen und die Champignonscheiben etwa fünf Minuten auf beiden Seiten darin anbraten.
13. Danach die Champignons auf eine Seite der Pfanne schieben und den Spinat auf die andere Seite geben, bis dieser zusammenfällt.
14. Champignons und Spinat jeweils in eine Schüssel geben.
15. In der noch heißen Pfanne das Ei zu Rührei braten und mit Salz würzen.
16. Dann kann es mit dem Belegen losgehen: jeweils auf einem Viertel der Teigflade die gebratenen Champignons, den Spinat, das Rührei und den geriebenen Käse verteilen.
17. Die Teigflade auf einer Seite einschneiden und das erste Viertel der Flade über das andere Viertel klappen. Dann nach links falten und zuletzt das Ganze über das Käse-Viertel stülpen.
18. Die gefaltete Quesadilla in einer Pfanne oder auf einem Kontaktgrill auf beiden Seiten anbraten, bis der Käse schmilzt.

RESTLOS GLÜCKLICH!

Noch geriebenen Käse übrig? Dann ist eine schnelle **Zucchinipizza** (S. 157) genau das Richtige!

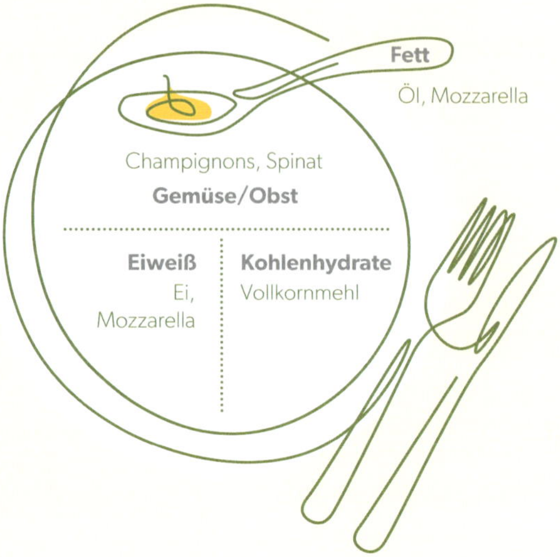

REZEPTABWANDLUNG

Selbst gemachte Tortilla-Chips: Tortilla-Fladen in Dreiecke schneiden, mit etwas Rapsöl bepinseln, mit einer Prise Salz würzen und auf einem mit Backpapier belegten Blech verteilen, sodass die Dreiecke nicht übereinander liegen. Im vorgeheizten Ofen bei 180 °C Ober- und Unterhitze etwa zehn Minuten knusprig backen und danach am Blech vollständig auskühlen lassen. Die Tortilla-Chips eignen sich wunderbar zum Dippen von **Erbsenaufstrich** (S. 56) – dazu eine Handvoll Gemüsesticks und du hast eine schnelle, ausgewogene Mahlzeit.

TIPP!

Noch schneller und einfacher kannst du dieses Rezept mit fertig gekauften Vollkorn-Tortilla-Fladen machen. Da eine Packung aber mehrere Stück enthält, hier ein paar Ideen, was du mit den übrigen Fladen machen kannst:

Wrap to go: Du kannst die Teigflade beliebig befüllen und als Jause in die Arbeit oder Schule mitnehmen. Wie wäre es pikant mit einem selbst gemachten **Aufstrich** (ab S. 55), Blattsalat und klein geschnittenem Gemüse? Oder du machst eine süße Variante mit **Schokoaufstrich** (S. 67) und Obststücken, auch das schmeckt lecker.

Tortilla-Pizza: Für ein schnelles Abendessen kannst du einen Tortilla-Fladen wie eine Pizza belegen (z. B. mit Tomatensauce, geriebenem Käse und blättrig geschnittenen Champignons) und im vorgeheizten Ofen bei 180 °C Ober- und Unterhitze für zehn Minuten backen.

SPAGHETTI MIT LINSENBOLOGNESE

Zubereitungszeit
30 Minuten

Portionen
2

Allergenkennzeichnung
A Gluten

ZUTATEN

1 kleine (30 g) Zwiebel
1 Knoblauchzehe
1 mittelgroße (60 g) Karotte
3 1/2 EL (50 g) rote Linsen, roh
1 EL (10 ml) Rapsöl
1 Prise Zucker
1 Prise Paprikapulver
1 TL (10 g) Tomatenmark
ca. 200 ml Wasser
1 Pkg. (200 g) passierte Tomaten
3–4 (10 g) getrocknete Tomaten (ohne Öl)
Salz, Pfeffer

---

120 g Vollkornspaghetti, roh

NÄHRWERTE

Pro Portion
1 591 kJ / 378 kcal
6,9 g Fett
davon 0,6 g gesättigte Fettsäuren
57,6 g Kohlenhydrate
davon 8,4 g Zucker
9,90 g Ballaststoffe
15,7 g Eiweiß
0,92 g Salz

TIPP!

Achtung bei den getrockneten Tomaten:
Häufig sind die getrockneten Tomaten gesalzen, sodass du kein zusätzliches Salz benötigst. Koste deshalb die Bolognese, bevor du beim Abschmecken Salz hinzufügst.

Falls du nicht gleich zwei Portionen brauchst:
Die abgekühlte zweite Portion Linsenbolognese lässt sich gut einfrieren, sodass auch an stressigen Tagen das Mittagessen gesichert ist. Wenn du sie dann brauchst, einfach mit zwei Esslöffeln Wasser in einem Topf bei mittlerer Hitze erwärmen. Währenddessen hast du Zeit, bereits fertige Nudeln zu regenerieren oder welche frisch zu kochen.

ZUBEREITUNG

1. Zwiebel und Knoblauch schälen. Zwiebel fein schneiden und Knoblauch fein hacken oder durch eine Knoblauchpresse drücken.
2. Karotte waschen, unsaubere Stellen entfernen und samt Schale mit einer Gemüsereibe raspeln.
3. Rote Linsen in einem Sieb abspülen.
4. Öl in einem Topf erhitzen. Zwiebel und Knoblauch darin glasig anschwitzen.
5. Eine Prise Zucker hinzugeben und kurz unter Rühren karamellisieren lassen.
6. Paprikapulver und Tomatenmark hinzufügen und sofort einrühren.
7. Linsen und Karotten hinzufügen.
8. Rasch mit Wasser aufgießen, sodass alles bedeckt ist (am besten anfangs nur wenig Wasser hineingeben und bei Bedarf nachgießen).

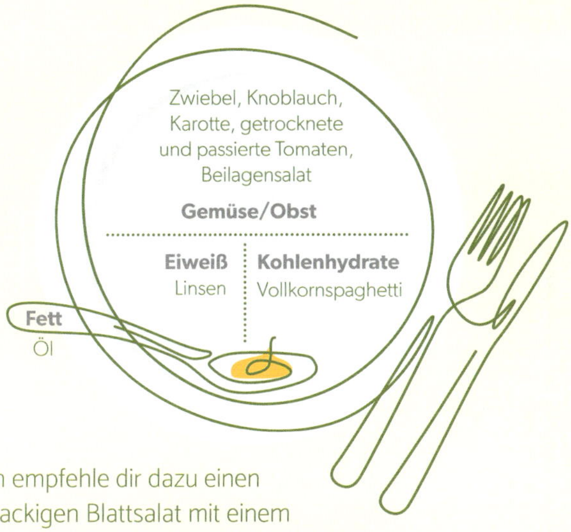

Ich empfehle dir dazu einen knackigen Blattsalat mit einem Dressing deiner Wahl. So hast du eine größere Gemüsekomponente und füllst deinen Magen optimal.

9. 10–15 Minuten bei mittlerer Hitze und geschlossenem Deckel köcheln lassen – gelegentlich umrühren.
10. Währenddessen die Spaghetti in einem ausreichend großen Topf mit leicht gesalzenem, kochendem Wasser al dente kochen.
11. Sobald die Linsen weich sind und das Wasser verkocht ist, in die Linsenbolognese die passierten Tomaten einrühren.
12. Getrocknete Tomaten klein schneiden und in die Sauce einrühren. Mit Salz und Pfeffer abschmecken.
13. Spaghetti in ein Sieb abgießen und auf zwei Tellern verteilen.
14. Linsenbolognese darüber geben.

Beim Anrichten kannst du noch Hanfsamen oder Hefeflocken als Topping verwenden.

RESTLOS GLÜCKLICH!

Die restlichen getrockneten Tomaten kannst du für einen **griechischen Nudelsalat** (S. 83), für einen **Tomaten-Schafskäse-Aufstrich** (S. 69) oder **Chili con Kürbis** (S. 103) verwenden.

Um übrige Karotten weiterzuverarbeiten, kannst du beispielsweise einen schnellen **Gemüsecouscous mit Grillkäse** zubereiten (S. 109).

SÜSSKARTOFFELRÖSTI

mit Kräuterdip

Zubereitungszeit
40 Minuten

Allergenkennzeichnung
A Gluten   C Ei   G Milch

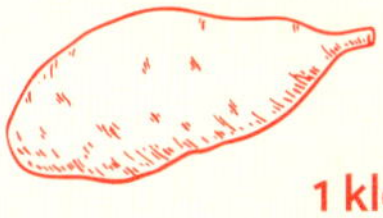

ZUTATEN

150 g Süßkartoffel
1 kleine (30 g) Zwiebel
1 Ei
1 EL (20 g) Vollkornmehl
1 Prise Salz
1 TL (5 ml) Rapsöl

Kräuterdip
4 EL (100 g) Naturjoghurt
1 Prise Salz
1 TL (5 g) gehackte Kräuter

NÄHRWERTE

Für diese eine Portion
1 886 kJ / 449 kcal
15,7 g Fett
davon 4,7 g gesättigte Fettsäuren
56,0 g Kohlenhydrate
davon 14,7 g Zucker
7,00 g Ballaststoffe
16,1 g Eiweiß
0,5 g Salz

ZUBEREITUNG

1. Süßkartoffel schälen und mit einer Gemüsereibe grob raspeln.
2. Zwiebel schälen und fein schneiden.
3. Süßkartoffel, Zwiebel, Ei, Mehl und Salz in einer Schüssel verrühren.
4. Eine erhitzte beschichtete Pfanne mit Öl bepinseln. Herdplatte auf mittlere Stufe einstellen.
5. Mit befeuchteten Händen einen gut gehäuften Esslöffel der Masse nehmen, zu einem Fladen formen und in die Pfanne gleiten lassen.
6. Mit der restlichen Masse gleich fortfahren, bis die Masse aufgebraucht ist.
7. Rösti in der Pfanne mit einem Pfannenwender flach drücken und auf jeder Seite etwa 15 Minuten anbraten.
8. Für den Kräuterdip alle Zutaten miteinander verrühren und mit den fertigen Puffern anrichten.

REZEPTABWANDLUNG

- **Zucchinipuffer:** 150 g Zucchini samt Schale mit einer Gemüsereibe grob raspeln, in ein Küchentuch geben und gut ausdrücken. Mit den übrigen Zutaten vermengen und wie oben beschrieben zubereiten. Zuletzt auf jeder Seite etwa zehn Minuten braten. Am besten eine Portion Kartoffeln als Beilage dazu machen, da ansonsten der Kohlenhydratanteil zu kurz kommt.
- **Karottenpuffer:** 150 g Karotten statt der Süßkartoffel einsetzen.
- **Kürbispuffer:** 150 g Hokkaido-Kürbis samt Schale raspeln, mit den anderen Zutaten verrühren und zum Schluss jeweils zehn Minuten anbraten.

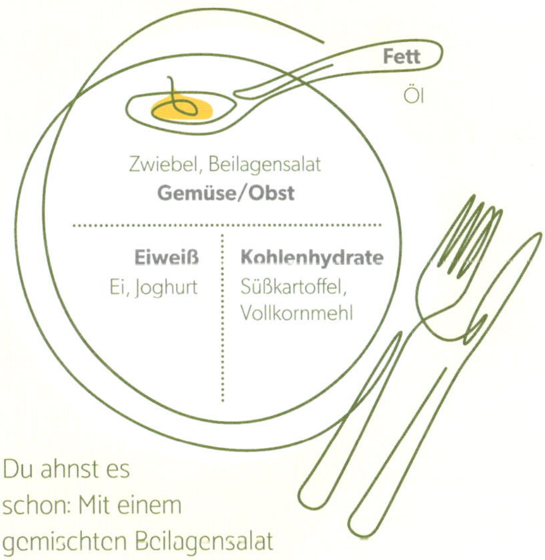

Du ahnst es schon: Mit einem gemischten Beilagensalat mit einem Dressing deiner Wahl wirst du rundum zufrieden sein.

RESTLOS GLÜCKLICH!

Das übrig gebliebene Joghurt kannst du für einen **Flammkuchen** (S. 106) verwenden.

TOMATEN-MOZZARELLA-GNOCCHI

aus dem Ofen

Zubereitungszeit
15 Minuten

Backzeit
15–20 Minuten

Allergenkennzeichnung
A Gluten C Ei G Milch

ZUTATEN

- **1 kleine (30 g)** Zwiebel
- **1** Knoblauchzehe
- **1 Handvoll (100 g)** Kirschtomaten
- **1 TL (5 ml)** Rapsöl
- **1 Prise** Zucker
- **1 TL (10 g)** Tomatenmark
- **150 g** passierte Tomaten
- **1/2 Kugel (ca. 60 g)** Mozzarella 45 % F. i. T.
- **100 g** Gnocchi
- frische Basilikumblätter

Du kannst natürlich auch bereits geriebenen Mozzarella verwenden.

NÄHRWERTE

Für diese eine Portion
1 720 kJ / 410 kcal
17,0 g Fett
davon 8,4 g gesättigte Fettsäuren
43,9 g Kohlenhydrate
davon 10,7 g Zucker
5,7 g Ballaststoffe
16,4 g Eiweiß
1,80 g Salz

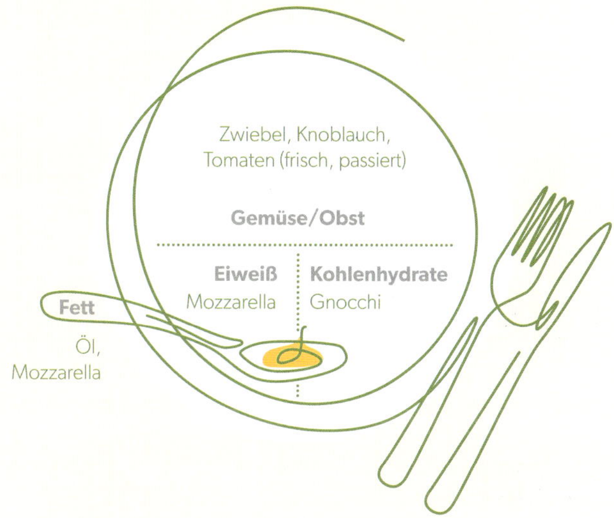

ZUBEREITUNG

1. Ofen auf 180 °C Ober- und Unterhitze vorheizen.
2. Für die Tomatensauce Zwiebel und Knoblauch schälen. Zwiebel fein schneiden und Knoblauch fein hacken oder durch eine Knoblauchpresse drücken.
3. Tomaten waschen und in kleine Stücke schneiden.
4. Öl in einem Topf erhitzen, Zwiebel und Knoblauch darin glasig anschwitzen.
5. Eine Prise Zucker hinzufügen und karamellisieren lassen.
6. Tomatenmark und Tomatenstücke in den Topf geben und kurz anschwitzen lassen, danach mit passierten Tomaten aufgießen.
7. Das Ganze fünf Minuten köcheln lassen.
8. Währenddessen von der halben Kugel Mozzarella zwei dünne Scheiben abschneiden, den Rest in kleine Würfel schneiden.
9. In eine Auflaufform die Hälfte der Tomatensauce geben, mit Mozzarellawürfeln bestreuen und Gnocchi darauf verteilen.
10. Die restliche Tomatensauce darübergeben und mit Mozzarellascheiben belegen.
11. Die Auflaufform für 15–20 Minuten in den vorgeheizten Ofen geben.
12. Fertige Gnocchi mit Basilikum garnieren.

RESTLOS GLÜCKLICH!

Was du mit den restlichen Gnocchi aus der Packung machen kannst? Am besten einen Teil davon in einem Gefrierbeutel oder einem geeigneten Behälter einfrieren oder du machst daraus **Gemüse-Gnocchi vom Blech** (S. 115).

TOMATEN-PAPRIKA-PFANNE mit Ei (Shakshuka)

Zubereitungszeit
20 Minuten

Allergenkennzeichnung
C Ei G Milch

Statt frischer Tomaten kannst du ebenso eine Dose stückiger Tomaten verwenden.

TIPP!

Statt der Einzelgewürze kannst du ein Chili-con-Carne-Gewürz kaufen. Das brauchst du auch für das Rezept **Chili con Kürbis** (S. 103).

ZUTATEN

1 kleine (30 g) Zwiebel
1 Knoblauchzehe
1/2 (60 g) roter Spitzpaprika
1–2 (200 g) Fleischtomaten
1 TL (5 ml) Rapsöl
1 TL (10 g) Tomatenmark
1 Prise Zucker
1 Prise Paprikapulver
1 Prise Kreuzkümmel (Cumin)
2 EL (50 g) passierte Tomaten
Salz, Pfeffer

---

1 Ei

---

20 g Schafskäse in Lake (z. B. Feta)
1 TL (5 g) gehackte Petersilie (oder Koriander)

NÄHRWERTE

Für diese eine Portion
1 217 kJ / 292 kcal
16,2 g Fett
davon 5,3 g gesättigte Fettsäuren
17,5 g Kohlenhydrate
davon 16,4 g Zucker
6,40 g Ballaststoffe
14,8 g Eiweiß
0,90 g Salz

ZUBEREITUNG

1. Zwiebel und Knoblauch schälen.
2. Zwiebel fein schneiden und Knoblauch fein hacken oder durch eine Knoblauchpresse drücken.
3. Paprika und Tomaten waschen, Strunk entfernen und in mundgerechte Stücke schneiden.
4. In einer beschichteten Pfanne Öl erhitzen.
5. Zwiebel und Knoblauch darin glasig anschwitzen.
6. Tomatenmark, Zucker, Paprikapulver und Kreuzkümmel in die Pfanne geben und kurz anrösten.

7. Tomaten- und Paprikastücke hinzufügen und etwa zehn Minuten köcheln lassen, bis die Tomaten zerfallen. Dabei gelegentlich umrühren, damit nichts anbrennt.
8. Passierte Tomaten und evtl. einen Schuss Wasser hinzufügen. Mit Salz und Pfeffer abschmecken.
9. Den Herd auf niedrige Stufe zurückschalten und in die Mitte des Gemüses eine Mulde drücken.
10. Das Ei aufschlagen und in die Mulde gleiten lassen. Bei niedriger Hitze stocken lassen.
11. Den Schafskäse in den Händen zerkrümeln und mit der Petersilie über die fertige Tomaten-Paprika-Pfanne mit Ei streuen.

Wenn du Gemüsereste wie Zucchini, Aubergine oder Kürbis zu Hause hast, kannst du diese klein geschnitten wunderbar bei diesem Rezept dazuschummeln.

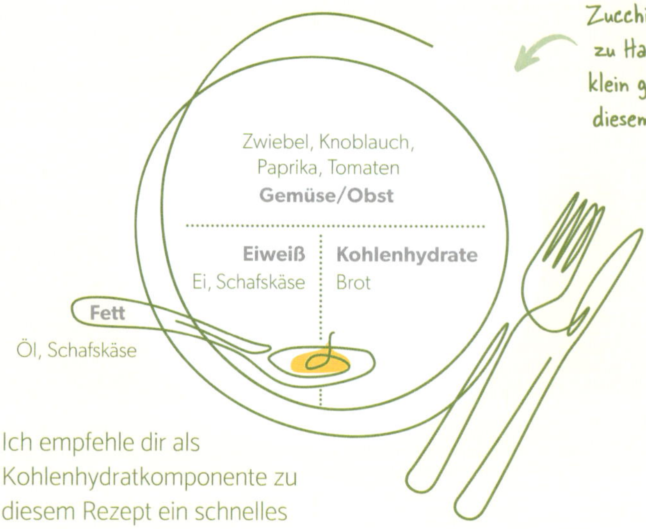

Ich empfehle dir als Kohlenhydratkomponente zu diesem Rezept ein schnelles **Fladenbrot** (S. 42) oder ein handflächengroßes Stück Vollkornbrot.

REZEPTABWANDLUNG

Für eine **vegane Variante** kannst du das Ei durch Kichererbsen oder Tofu ersetzen. 100 g Kichererbsen aus der Dose gut abspülen und in die Tomaten-Paprika-Pfanne einrühren. Ebenso kannst du 100 g Tofu in Würfel schneiden, in etwas Rapsöl in einer heißen Pfanne anbraten und nach Belieben gewürzt in die Shakshuka-Pfanne einrühren.

RESTLOS GLÜCKLICH!

Die andere Hälfte des Paprikas in das Gemüsefach des Kühlschranks geben. Er passt ideal für ein veganes **Chili con Kürbis** (S. 103).

ZUCCHINIPIZZA

mit cremiger Polenta

Zubereitungszeit
10 Minuten

Backzeit
12–15 Minuten

Allergenkennzeichnung
G Milch L Sellerie (Gemüsebrühe)

ZUTATEN

1 mittelgroße (ca. 200 g) Zucchini
2 EL (50 g) passierte Tomaten
Salz, Pfeffer
1 Prise Oregano
3 EL (30 g) geriebener Mozzarella 45 % F. i. T.

Polenta

3 EL (50 g) Polenta (Maisgrieß)
250 ml Gemüsebrühe (1/2 TL Gemüsebrühepulver + 250 ml heißes Wasser)
1 EL (30 g) Frischkäse natur 45 % F. i. T.

Auch Petersilienkartoffeln oder Vollkorncouscous passen als Beilage dazu.

NÄHRWERTE

Für diese eine Portion
1 625 kJ / 387 kcal
12,8 g Fett
davon 7,9 g gesättigte Fettsäuren
45,3 g Kohlenhydrate
davon 7,7 g Zucker
5,3 g Ballaststoffe
19,5 g Eiweiß
2,22 g Salz

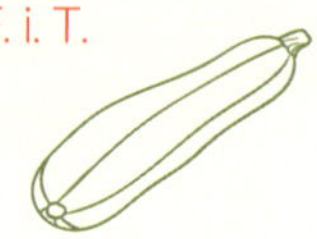

ZUBEREITUNG

1. Ofen auf 200 °C Ober- und Unterhitze vorheizen.
2. Ein Backblech mit Backpapier belegen.
3. Zucchini waschen und in längliche Streifen (ca. 5 mm dick) schneiden.
4. Zucchinistreifen auf das vorbereitete Blech legen.
5. Passierte Tomaten mit Salz, Pfeffer und Oregano würzen.
6. Zucchinistreifen mit Tomatensauce bestreichen und mit Käse bestreuen.
7. Für 12–15 Minuten im vorgeheizten Ofen überbacken, bis der Käse geschmolzen ist.
8. Inzwischen für die Polenta die Gemüsebrühe aufkochen und die Polenta unter Rühren einrieseln lassen. Ständig weiterrühren und nochmals zum Kochen bringen. Dann auf niedrige Hitze zurückschalten und fünf bis zehn Minuten quellen lassen. Dabei immer wieder umrühren.
9. Zuletzt Frischkäse in die Polenta rühren und zusammen mit der fertigen Zucchinipizza anrichten.

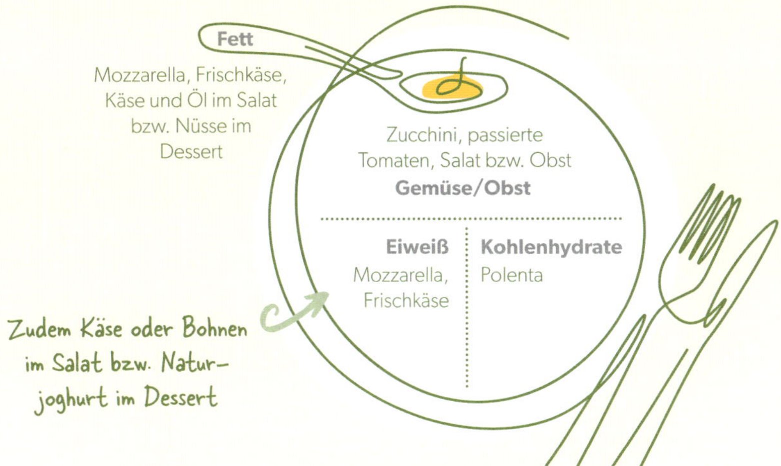

Damit die Mahlzeit lange satt macht, empfehle ich dir, den Eiweißanteil der Mahlzeit zu erhöhen und mit einer hochwertigen Fettkomponente zu „tunen". Entweder liefert dir ein Salat mit Mozzarella, Schafskäse oder Bohnen zusätzlich Eiweiß und durch das Öl im Dressing auch eine Fettkomponente.

Oder du machst dir als Nachspeise einen Obstsalat mit Naturjoghurt und Nüssen. Einfach eine Handvoll Obst deiner Wahl zerkleinern und mit vier Esslöffeln Naturjoghurt und zwei Esslöffeln gehackten Nüssen vermengen.

REZEPTABWANDLUNG

Auberginenpizza: Statt Zucchini kannst du auch eine Aubergine (Melanzani) verwenden. Einfach in dünne Scheiben schneiden, mit wenig Rapsöl bepinseln und auf einem mit Backpapier belegten Backblech bei 180 °C Ober- und Unterhitze etwa fünfzehn Minuten vorbacken. Danach wie oben beschrieben fertigstellen.

RESTLOS GLÜCKLICH!

Damit der Rest der passierten Tomaten aufgebraucht wird, kannst du am nächsten Tag eine **Tomaten-Paprika-Pfanne mit Ei** (S. 154) machen.

ZUCCHINISCHMARRN

mit Kräuterjoghurt

Zubereitungszeit
25 Minuten

Allergenkennzeichnung
A Gluten C Ei G Milch

ZUTATEN

50 g Zucchini
1 Ei
1 Prise Salz
2 EL (50 g) Naturjoghurt
4 EL (40 ml) Milch
2 1/2 EL (50 g) Vollkornmehl
1 Prise Backpulver
2 EL (20 g) geriebener Mozzarella 45 % F. i. T.
1 TL (5 ml) Rapsöl für die Pfanne

Statt Milch kannst du auch prickelndes Mineralwasser verwenden. Dadurch wird der Teig besonders luftig.

Kräuterjoghurt
2 EL (50 g) Naturjoghurt
1 Prise Salz
1 TL (5 g) gehackte Kräuter (z. B. Schnittlauch)

NÄHRWERTE

Für diese eine Portion
2 015 kJ / 481 kcal
22,0 g Fett
davon 8,7 g gesättigte Fettsäuren
41,9 g Kohlenhydrate
davon 10,5 g Zucker
5,0 g Ballaststoffe
24,7 g Eiweiß
1,36 g Salz

ZUBEREITUNG

1. Zucchini waschen, mit einer Gemüsereibe fein raspeln und beiseitestellen.
2. Ei trennen.
3. Eiklar mit einer Prise Salz mit einem Handmixer zu Schnee schlagen. Beiseitestellen.
4. Dotter ebenfalls mit dem Handmixer schaumig rühren, Joghurt und Milch hinzufügen und einmischen.
5. Mehl mit Backpulver vermischen und in Dottermasse einrühren.
6. Zucchiniraspel in den Händen ausdrücken, sodass Flüssigkeit abfließen kann.
7. Zucchini zur Eimasse geben und unterheben.
8. Zuletzt den Eischnee und den Käse unterrühren.
9. In einer beschichteten Pfanne Rapsöl erhitzen, die Masse einfüllen und glatt streichen.
10. Den Schmarrn fünf Minuten auf mittlerer Hitze anbraten, dann vierteln und jedes Stück wenden.
11. Auf der anderen Seite ebenfalls etwa fünf Minuten anbraten.
12. Den fertigen Schmarrn mit einem Pfannenwender in kleinere Stücke teilen.
13. Für das Kräuterjoghurt alle Zutaten verrühren.
14. Schmarrn mit dem Joghurt anrichten und gleich genießen.

TIPP!

Auch bei diesem Rezept kannst du Zucchini durch eine andere Gemüsesorte wie beispielsweise Karotte oder Kürbis ersetzen.

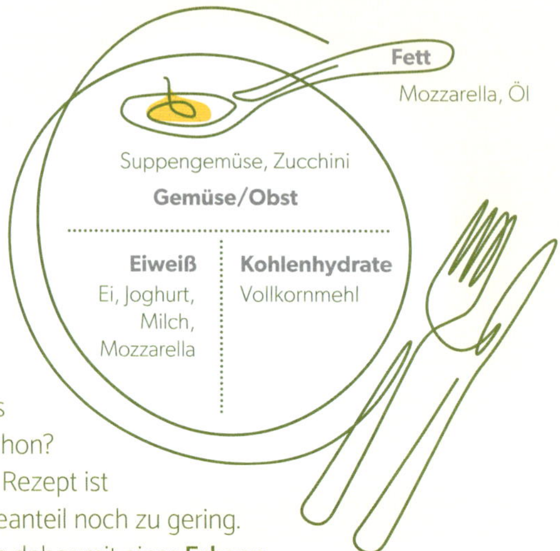

Du ahnst es vielleicht schon? Bei diesem Rezept ist der Gemüseanteil noch zu gering. Wie wäre es daher mit einer **Erbsencremesuppe mit Zucchini** (S. 90) als Vorspeise?

RESTLOS GLÜCKLICH!

Mit dem restlichen Naturjoghurt kannst du dir ein Dessert, z. B. ein Naturjoghurt mit Früchten oder ein **Himbeertiramisu** (S. 180), zubereiten. Aber auch für einen Aufstrich, wie z. B. einen **Kräuteraufstrich** (S. 62), kannst du das Joghurt aufbrauchen.

Da die Packung mit dem geriebenen Käse nun geöffnet ist und innerhalb weniger Tage aufgebraucht werden sollte, kannst du daraus **Kaspressknödel** (S. 120) machen.

SÜSSE HAUPTSPEISEN

Kaiserschmarrn mit Beerenröster, Apfel-Nuss-Puffer oder klassische Topfenknödel (Quarkklöße) mit Erdbeerfülle: Zur Abwechslung darf es auch mal eine süße Hauptspeise sein. Dabei müssen diese Köstlichkeiten keineswegs Zucker- und Fettbomben sein.

Aus Vollkornmehl, Eiern, Milchprodukten, Rapsöl und einer Prise Zucker können schnell Süßspeisen zubereitet werden, die nicht nur gut schmecken, sondern auch nährstofftechnisch punkten. Dank der Ballaststoffe aus Vollkornprodukten, dem hochwertigen Eiweiß aus Eiern und Milchprodukten sowie den ungesättigten Fettsäuren aus Rapsöl tun meine süßen Hauptgerichte deiner Gesundheit keinen Abbruch.

Damit eine süße Hauptmahlzeit optimal sättigt, habe ich noch einen heißen Tipp für dich: Plane als Vorspeise Gemüse ein! Eine cremige Kürbis- oder leuchtend grüne Erbsencremesuppe oder eine Salatschüssel mit einem schmackhaften Honig-Senf- oder Hummus-Dressing füllt deinen Magen vor, sodass du von der süßen Hauptspeise wirklich lang anhaltend satt wirst.

APFEL-NUSS-PUFFER

mit Vanillejoghurt

Zubereitungszeit
15 Minuten

Allergenkennzeichnung
A Gluten C Ei G Milch H Nüsse

ZUTATEN

1 kleiner (ca. 150) Apfel
1 EL (20 g) Vollkornmehl
1 EL (15 g) geriebene Nüsse (z. B. Haselnüsse)
1 kleines Ei
1 Prise Zimt
1 TL (5 ml) Rapsöl

Vanillejoghurt
3 EL (150 g) Joghurt griechischer Art 2 % Fett
1 Prise gemahlene Vanille
1/2 TL (3 g) Vanillezucker

Zum Bestreuen
1 TL (5 g) Staubzucker (Puderzucker)

NÄHRWERTE

Für diese eine Portion
2 146 kJ / 512 kcal
23,6 g Fett
davon 5,5 g gesättigte Fettsäuren
50,9 g Kohlenhydrate
davon 30,2 g Zucker
6,00 g Ballaststoffe
19,9 g Eiweiß
0,37 g Salz

TIPP!

Die Apfel-Nuss-Puffer können auch kalt gegessen werden und sind ein idealer Snack, wenn zwischen den Hauptmahlzeiten Hunger aufkommt.

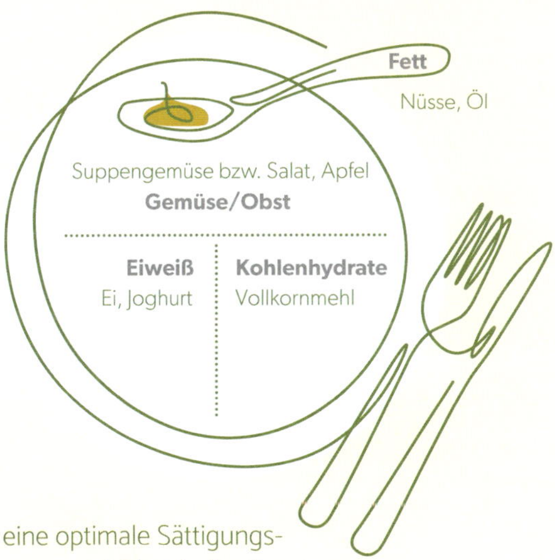

Für eine optimale Sättigungswirkung empfehle ich dir, eine Gemüsekomponente – entweder in Form eines Salates oder einer Suppe – einzuplanen. Wie wäre es mit einer **Kürbiscremesuppe** (S. 95) als Vorspeise?

ZUBEREITUNG

1. Apfel waschen, Kerngehäuse entfernen und samt Schale mit einer Reibe grob raspeln.
2. Apfelraspel mit Mehl, Nüssen, Ei und einer Prise Zimt mischen.
3. Öl in eine beschichtete Pfanne geben, mit einem Pinsel verstreichen und erhitzen.
4. Jeweils 1 EL der Apfelmasse in die Pfanne geben und flach drücken, sodass gleich große, runde Puffer entstehen (ähnlich wie Kartoffelpuffer).
5. Apfelpuffer drei Minuten anbraten, dann mit einem Pfannenwender umdrehen und für weitere drei Minuten braten, bis die Puffer auf beiden Seiten goldbraun sind. Puffer auf einen Teller mit Küchenpapier herausheben.
6. Für das Vanillejoghurt alle Zutaten miteinander verrühren.
7. Apfelpuffer anrichten, mit Staubzucker bestreuen und mit dem Vanillejoghurt genießen.

BAKED OATS (HAFERFLOCKENAUFLAUF)

Zubereitungszeit
10 Minuten

Backzeit
25 Minuten

Allergenkennzeichnung
A Gluten C Ei evtl. G Milch H Nüsse

ZUTATEN

5 EL (50 g) Haferflocken
1 kleines Ei
1 EL (30 g) ungesüßtes Apfelmus
3 EL (30 ml) Flüssigkeit (z. B. Milch, Pflanzendrink)
1 EL (15 g) geriebene Nüsse
1 TL (5 g) Zucker
1 Prise Backpulver
1 Prise gemahlener Zimt
1 TL (5 g) Backkakao
1 EL (10 g) gehackte Bitterschokolade
(mind. 70 % Kakaoanteil)

Topping
1 Handvoll (150 g) frisches Obst
(z. B. Marillen/Aprikosen, Himbeeren)
1 TL (5 g) gehackte Nüsse

NÄHRWERTE

Für diese eine Portion
2 463 kJ / 588 kcal
25,2 g Fett
davon 7,9 g gesättigte Fettsäuren
57,4 g Kohlenhydrate
davon 24,7 g Zucker
13,35 g Ballaststoffe
23,5 g Eiweiß
1,0 g Salz

ZUBEREITUNG

1. Ofen auf 180 °C Ober- und Unterhitze vorheizen.
2. Eine Backform (22,5 x 14 cm) befetten und bemehlen.
3. Alle Zutaten außer der Schokolade in einer Schüssel vermengen und mit einem Stabmixer mixen, sodass eine homogene Masse entsteht.
4. Zuletzt die gehackte Schokolade unterheben.
5. Die Masse in die vorbereitete Backform füllen und im vorgeheizten Ofen 25–30 Minuten backen.

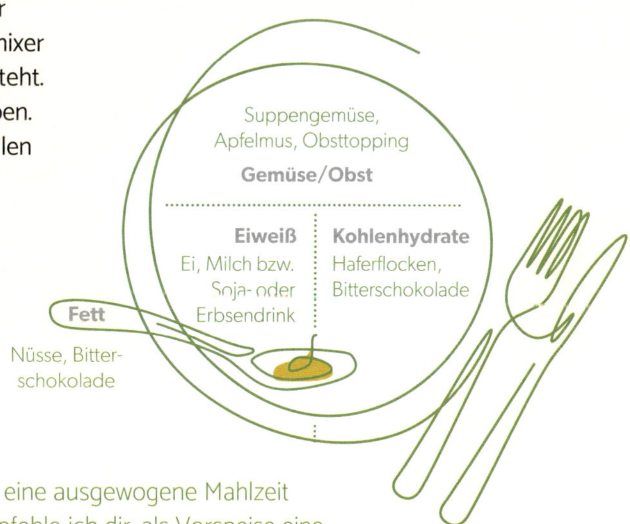

Für eine ausgewogene Mahlzeit empfehle ich dir, als Vorspeise eine Gemüsesuppe zu essen.
So füllst du deinen Magen optimal mit ballaststoffreichen Lebensmitteln und bleibst lange satt.

VORTEILE VON HAFER AUF EINEN BLICK

Hafer ...

- **ist ein Allrounder:** Egal ob als Müsli, Suppe, Laibchen oder Weckerl – in der gesunden Küche kommt er sowohl süß als auch pikant zubereitet vor.
- **strotzt vor guten Inhaltsstoffen und ist ein echter Superheld:** Ob als ganzes Korn, in Form von Flocken, als Kleie oder Mehl liefert er viele Vitamine und Mineralstoffe, z. B. Vitamin B und K, Eisen, Zink, Magnesium und Mangan. Außerdem enthält er reichlich Beta-Glucan, einen löslichen Ballaststoff, der ihn zum echten Superfood macht. Beta-Glucan hält den Blutzuckerspiegel konstant, regt die Verdauung an, reguliert den Insulinspiegel und hat cholesterinsenkende Eigenschaften.
- **ist stets „Vollkorn“:** Bei Haferflocken (in allen Varianten, grob bis fein oder auch instant) suchst du vergebens nach dem Begriff „Vollkorn“, weil alle Hafererzeugnisse immer aus dem ganzen Korn, also mit Randschicht, Keimling und Mehlkörper, hergestellt werden.
- **macht lange satt:** Aufgrund der idealen Kombination von Kohlenhydraten, Eiweiß, Fett und dem hohen Anteil an Ballaststoffen verlängert Hafer das Sättigungsgefühl und kann dadurch Heißhungerattacken vorbeugen.
- **ist ein Wundermittel bei irritiertem Magen und Darm:** Die löslichen Ballaststoffe im Hafer legen sich wie eine Schutzschicht an die Schleimhaut im Magen-Darm-Bereich und können so eine geschwächte Magen-Darm-Barriere wieder stärken.
- **macht Haut und Nägel schön:** Hafer enthält viele Vitamine und Mineralstoffe, die für eine gesunde Hautbarriere und ein gesundes Nagelwachstum benötigt werden. Auch die Haarstruktur profitiert von regelmäßigem Haferverzehr.

ERDBEER-TOPFENKNÖDEL

ERDBEER-QUARKKLÖSSE

mit Vollkornbrösel

Zubereitungszeit
30 Minuten

Portionen
2

Allergenkennzeichnung
A Gluten C Ei G Milch

ZUTATEN

1 kleines Ei
1/2 Pkg. (125 g) Topfen (Quark) 20 % F. i. T.
2 TL (10 g) Zucker
1 Prise Salz
2 EL (40 g) Vollkorngrieß
3 EL (60 g) Vollkornmehl
1/2 TL (3 g) Backpulver

---

250 g kleine Erdbeeren

---

1 EL (10 ml) Rapsöl
2 EL (40 g) Vollkornbrösel
2 Pkg. (16 g) Vanillezucker

NÄHRWERTE

Für diese eine Portion
2 034 kJ / 483 kcal
12,1 g Fett
davon 3,2 g gesättigte Fettsäuren
67,5 g Kohlenhydrate
davon 23,7 g Zucker
8,77 g Ballaststoffe
20,2 g Eiweiß
0,96 g Salz

ZUBEREITUNG

1. Ei, Topfen, Zucker und Salz in einer Schüssel verrühren.
2. Grieß, Mehl und Backpulver hinzufügen und zu einem kompakten Teig verrühren.
3. Den Teig mindestens zehn Minuten rasten lassen.
4. Währenddessen die Erdbeeren waschen und das Grün entfernen.
5. In einem ausreichend großen Topf leicht gesalzenes Wasser aufkochen.
6. Aus dem Teig auf einer bemehlten Arbeitsfläche eine Rolle formen.
7. Die Rolle je nach Größe der Erdbeeren in sechs bis acht Stücke teilen.

Wenn die Erdbeeren klein sind, wird weniger Teig pro Knödel benötigt, bei größeren Erdbeeren mehr.

8. Jedes Teigstück mit ausreichend Mehl auf der Arbeitsfläche flach drücken, eine Erdbeere in die Mitte setzen, Teig darüber zusammenfassen und zu einem Knödel formen.
9. Herdplatte auf eine niedrige Stufe zurückschalten.
10. Die glatt gerollten Knödel ins Wasser gleiten lassen und je nach Größe zehn bis zwanzig Minuten ziehen lassen.
11. Sobald die Knödel an der Oberfläche schwimmen, diese gelegentlich mit einem Löffel umdrehen, sodass sie von allen Seiten gleichmäßig gegart werden.
12. Inzwischen in einer Pfanne das Rapsöl erhitzen und die Vollkornbrösel mit Zucker unter Rühren darin anrösten.
13. Knödel am Ende der Garzeit mit einem Schaumlöffel aus dem Wasser nehmen, kurz abtropfen lassen, dann in die Brösel geben und darin wälzen.
14. Die restlichen Erdbeeren in Stücke schneiden.
15. Erdbeerknödel mit Bröseln und Erdbeerstücken auf einem Teller anrichten und genießen.

Du ahnst es vielleicht schon: Auch bei diesem Rezept empfehle ich, eine Gemüsesuppe oder einen Salat als ersten Gang zu essen. So ist der Magen bereits gefüllt und du wirst von den Erdbeerknödeln optimal satt.

TIPP!

Achtung, dieses Rezept ist für zwei Portionen! Für eine Portion des Topfenteiges würde nur ein halbes Ei benötigt – das wäre einfach unpraktisch. Wenn du nur eine Portion Erdbeerknödel brauchst, frierst du die andere Hälfte der Knödel am besten gleich ein. So geht's: Die rohen Knödel mit etwas Abstand zueinander auf einen bemehlten Teller geben und im Tiefkühler anfrieren lassen (ca. 30 Minuten). Die angefrorenen Knödel danach in einen geeigneten Behälter geben, mit Datum beschriften und für maximal sechs Monate tiefkühlen.

REZEPTABWANDLUNG

- **Marillen-Topfenknödel (Aprikosen-Quarkklöße):** Statt Erdbeeren verwendest du gegen Jahresmitte besser Marillenhälften (Aprikosenhälften) als Fülle.
- **Schoko-Topfenknödel (Schoko-Quarkklöße):** Im Winter gibt jeweils ein Stück Bitterschokolade mit mind. 70 % Kakaoanteil deinen Topfenknödeln statt der Frucht einen tollen Geschmack.
- **Topfenknödel (Quarkklöße) pur:** Auch ohne Fülle schmecken die Topfenknödel richtig gut! Du kannst dann aus (tiefgekühlten) Früchten ein Püree machen, auf dem du deine Knödel anrichtest.
- **Topfennockerl (Quarknocken):** Du möchtest dir die Finger nicht schmutzig machen und Zeit sparen? Dann kannst du aus diesem Rezept auch schnelle Topfennockerl zubereiten: Aus dem Topfenteig mit zwei Teelöffeln Nockerl formen, ins heiße Wasser geben und etwa zehn Minuten ziehen lassen. Wälze auch die fertigen Nockerl in gerösteten Vollkornbröseln.

RESTLOS GLÜCKLICH!

Der restliche Topfen ist ideal für einen Topfenaufstrich wie z. B. Schoko-, Kräuter- oder Tomaten-Schafskäse-Aufstrich – Rezeptvorschläge für **Aufstriche** findest du ab S. 55.

KAISERSCHMARRN

mit Beerenröster

Zubereitungszeit
20 Minuten

Allergenkennzeichnung
A Gluten C Ei G Milch

TIPP!

Die Beeren können je nach Saison durch anderes Obst wie Marillen (Aprikosen) oder Zwetschken ersetzt werden.

ZUTATEN

1 Handvoll (150 g) frische oder tiefgekühlte Beeren
1 EL (10 ml) Wasser
1 TL (5 g) Vanillepuddingpulver +
1 TL (5 ml) Wasser

---

1 kleines Ei
1 Prise Salz
1 TL (5 g) Zucker
2 EL (40 g) Vollkornmehl
1 EL (10 g) Haferflocken (Feinblatt)
1 Prise Backpulver
5 1/2 EL (80 ml) Buttermilch
1 TL (5 ml) Rapsöl

Du hast keine Haferflocken? Dann nimm einfach mehr Vollkornmehl.

NÄHRWERTE

Für diese eine Portion
1 788 kJ / 425 kcal
13,6 g Fett
davon 2,8 g gesättigte Fettsäuren
53,3 g Kohlenhydrate
davon 18,5 g Zucker
7,02 g Ballaststoffe
16,8 g Eiweiß
1,16 g Salz

ZUBEREITUNG

1. Für den Beerenröster bei Bedarf die Beeren waschen und vom Grün befreien, dann mit einem Esslöffel Wasser in einen Topf geben und aufkochen lassen.
2. Währenddessen das Puddingpulver in einem Teelöffel Wasser auflösen, zu den Beeren in den Topf geben und eine Minute mitkochen lassen.
3. Für den Kaiserschmarrn das Ei trennen.
4. Eiklar mit einer Prise Salz mit einem Handmixer zu Schnee schlagen. Beiseitestellen.
5. Dotter mit Zucker ebenfalls mit dem Handmixer schaumig rühren.

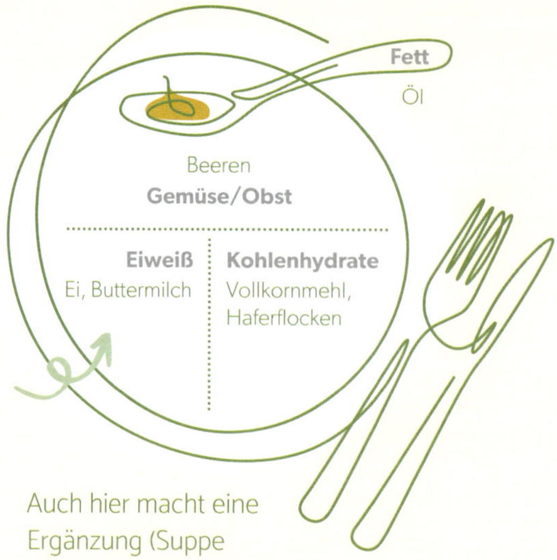

Statt Buttermilch kann auch Sauermilch, Acidophilusmilch oder flüssiger Kefir verwendet werden.

Auch hier macht eine Ergänzung (Suppe oder Salat) die Mahlzeit erst so richtig ausgewogen.

6. Mehl mit Haferflocken und Backpulver vermischen und abwechselnd mit der Buttermilch in die Dottermasse einrühren.
7. Zuletzt den Eischnee mit einem Schneebesen behutsam unterheben.
8. Das Rapsöl in einer Pfanne erhitzen, die Masse einfüllen und bei mittlerer Hitze etwa drei Minuten anbraten.
9. Nun Schmarrn mit einem Pfannenwender vierteln und jedes Stück wenden – weitere drei Minuten anbraten.
10. Zuletzt den fertigen Schmarrn mit dem Pfannenwender in kleine Stücke teilen.
11. Beerenröster in eine Schüssel füllen und mit dem angerichteten Kaiserschmarrn genießen.

RESTLOS GLÜCKLICH!

Aus der übrigen Buttermilch und den restlichen Beeren kannst du einen **Frühstücksshake** mixen. Ein Smoothie aus 250 ml Buttermilch, 100 g Beeren und 20 g Haferflocken ist im Standmixer oder mit einem Stabmixer in einem hohen Gefäß rasch gezaubert.

Damit die ganze Packung Buttermilch aufgebraucht wird, kannst du mit etwas Milch oder Wasser ergänzt die **Topfentascherl** aus meinem Backbuch „Süß UND gesund?!" machen.

Oder du bewahrst die restliche Buttermilch die nächsten Tage im Kühlschrank auf und nutzt sie in Kombination mit einem Stück Obst als idealen Snack nach einem Krafttraining.

TOPFENTALER
QUARKTALER

aus der Pfanne

Zubereitungszeit
15 Minuten

Allergenkennzeichnung
A Gluten C Ei G Milch H Nüsse

ZUTATEN

1/2 Pkg. (125 g) Topfen (Quark) 20 % F. i. T.
1 kleines Ei
1 EL (20 g) Vollkornmehl
1 EL (20 g) Vollkorngrieß
1 Prise Backpulver
1 Prise Salz
1 Pkg. (8 g) Vanillezucker
1 TL (5 ml) Rapsöl

Topping

1 Handvoll (150 g) Beeren oder anderes saisonales Obst
1 EL (15 g) gehackte Nüsse

NÄHRWERTE

Für diese eine Portion
2 384 kJ / 569 kcal
24,4 g Fett
davon 7,0 g gesättigte Fettsäuren
49,4 g Kohlenhydrate
davon 22,9 g Zucker
8,27 g Ballaststoffe
31,2 g Eiweiß
1,16 g Salz

Das ist ein gutes Beispiel dafür, dass manchmal die Zuckermenge hoch erscheint, tatsächlich aber der zugesetzte Zucker nur 8 g (Vanillezucker) ausmacht. Der restliche Zucker stammt aus dem Topfen (Milchzucker) und aus den Beeren (Fruchtzucker).

ZUBEREITUNG

Den Pfannenwender dazwischen mit Wasser abspülen, damit der Teig nicht kleben bleibt.

1. Topfen und Ei mit einer Gabel verrühren.
2. Mehl, Grieß, Backpulver, Salz und Vanillezucker hinzufügen und zu einer glatten Masse verarbeiten. Kurz rasten lassen.
3. Das Rapsöl – am besten mit einem Pinsel verstrichen – in einer beschichteten Pfanne erhitzen.
4. Die Masse mit einem Esslöffel portionsweise in die heiße Pfanne geben (es sollten sich vier Küchlein ausgehen) und zwei bis drei Minuten anbraten.
5. Die Küchlein mit einem Pfannenwender umdrehen und wieder zwei bis drei Minuten anbraten.
6. Beeren waschen und bei Bedarf putzen bzw. schneiden.
7. 50 g Beeren mit einem Stabmixer zu einem Mus pürieren.
8. Fertige Topfentaler auf einen Teller legen und mit dem Fruchtmus, den Beeren und Nüssen garnieren.

INFOBOX

Die Topfentaler sind eine ideale Mahlzeit vor oder nach einem intensiven Training. Durch Topfen und Ei enthalten sie reichlich hochwertiges Eiweiß und versorgen die Muskulatur mit allen essenziellen Aminosäuren. Die Kombination mit Vollkornmehl und Grieß sorgt dafür, dass nicht nur Eiweiß-, sondern auch Kohlenhydratbausteine schnell in die Muskulatur transportiert und somit die Energiespeicher aufgefüllt werden. Die Topfentaler schmecken auch kalt und so ist eine schnelle Mahlzeit direkt nach der Sporteinheit im Fitnessstudio gesichert.

Ein bunt gemischter Salat als erster Gang und die Topfentaler als zweiter Gang ergeben zusammen eine ausgewogene Mahlzeit mit allen Komponenten.

RESTLOS GLÜCKLICH!

Ideen zur Weiterverwendung des restlichen Topfens (Quarks) findest du im **Zutatenverzeichnis** (S. 190).

VORTEILE VON BEEREN AUF EINEN BLICK

Beeren ...

- **sind klein, aber oho:** Egal ob Himbeeren, Erdbeeren, Brombeeren oder Heidelbeeren und Co – sie sind wahre Kraftpakete und strotzen von Vitaminen, Mineralstoffen und sekundären Pflanzenstoffen (alle liefern viel Vitamin C, Folsäure, Kalium, Calcium, Magnesium und Zink). Die schwarze Johannisbeere liefert beispielsweise dreimal so viel Vitamin C wie eine Zitrone. Heidelbeeren zeichnen sich durch den besonders hohen Gehalt an Anthocyanen aus der Gruppe der sekundären Pflanzenstoffe aus und wirken entzündungshemmend. Auch Erdbeeren brauchen sich nicht verstecken, sie liefern viele Polyphenole, die im Immunsystem bei der Abwehr von Krankheitserregern helfen.

- **wirken in unserem Körper als Schutzschild:** Beeren können dank ihres hohen Anteils an Antioxidantien freie Radikale abfangen und so unsere Zellen schützen.

- **passen bei vielen Erkrankungen:** Sie sind das ideale Obst bei Diabetes, erhöhten Cholesterinwerten, bei Fettleber oder bei einer Unverträglichkeit gegenüber Fruktose, weil sie wenig Zucker, dafür viele Ballaststoffe und sekundäre Pflanzenstoffe enthalten. Dadurch halten sie den Blutzuckerspiegel konstant, können den Cholesterinspiegel im Blut senken und unterstützen die Leber bei der Entgiftung.

- **kommen aus der Region:** Beeren wachsen bei uns in Österreich und können von Mai bis in den Herbst hinein aus heimischem Anbau gekauft werden. Aber auch in Wäldern und auf Almen wachsen die bunten Früchte und können selbst gesammelt werden (z. B. Preiselbeeren). Wer auch im Winter nicht auf dieses heimische Superfood verzichten will, friert die Beerenfrüchte am besten im Sommer ein oder greift auf österreichische Tiefkühlbeeren aus dem Supermarkt zurück.

- **schmecken frisch am besten und weisen zeitnah zur Ernte den höchsten Vitamingehalt auf:** Sie halten notfalls in einem flachen Behälter auf einem Stück Küchenrolle nebeneinander (nicht übereinander!) im Kühlschrank zwei bis drei Tage. Achtung: immer erst direkt vor dem Verzehr waschen! Wenn Druckstellen oder weiß-gräuliche Flecken an den Früchten erkennbar sind, solltest du sie sofort aussortieren. Sind bereits mehrere Früchte mit Schimmel befallen, sollte die ganze Portion entsorgt werden, da sich die unsichtbaren Schimmelsporen auch auf den anderen Früchten befinden können.

SÜSSES ZUM ABSCHLUSS

Für viele ist ein süßer Abschluss zu jeder Hauptmahlzeit ein Muss. Zugegeben, auch ich gehöre zu dieser Kategorie. Ein kleines Beerentiramisu, etwas Kaffeecreme oder ein paar selbst gebackene Kekse – Hauptsache süß!

Doch wie vielleicht die einen oder anderen bereits aus meinem Backbuch wissen, sind meine süßen Rezepte immer zuckerreduziert, so auch die Dessertrezepte in diesem Kochbuch. Wer bis jetzt immer sehr süß gegessen hat und herkömmliche Süßigkeiten und Dessertcremen gewohnt ist, dem werden die angegebenen Zuckermengen in meinen Rezepten zu wenig sein. Natürlich kannst du die Zuckermenge an deinen persönlichen Geschmack anpassen. Versuche aber trotzdem, die verwendete Zuckermenge schrittweise zu reduzieren, bis sich dein Geschmackssinn an die geringere Süße gewöhnt hat.

Ein Dessert kann jedenfalls helfen, dein Sättigungsgefühl zu verbessern. Gerade wenn die Hauptspeisenportion zu klein war, kann eine fruchtige Topfencreme (Quarkcreme) der ideale Abschluss sein. Das zusätzliche Eiweiß aus Milchprodukten schließt außerdem den Magen und wird für eine lang anhaltende Sättigung sorgen.

Bevor du dir aber gleich direkt nach der Hauptspeise das Dessert gönnst, würde ich dir empfehlen, fünf bis zehn Minuten damit zu warten. In dieser Zeit können Sättigungshormone optimal wirken und du wirst merken, ob es noch ein Dessert sein soll oder ob dein Magen vielleicht doch schon ideal gefüllt ist. Wenn du schon satt bist, das Dessert aber bereits vorbereitet hast, ist das natürlich kein Problem. Nimm, wenn du magst, ein paar Löffel davon und stelle den Rest einfach in den Kühlschrank – der nächste Hunger kommt bestimmt.

HIMBEERTIRAMISU

im Glas

Zubereitungszeit
10 Minuten

Allergenkennzeichnung
A Gluten C Ei G Milch

ZUTATEN

1 EL (50 g) Skyr (oder magerer Frischkäse)
2 EL (100 g) Topfen (Quark) 20 % F. i. T.
1 EL (10 ml) Wasser
1 TL (5 ml) Zitronensaft
1/2 Pkg. (4 g) Vanillezucker

50 g Himbeeren
1/2 Pkg. (4 g) Vanillezucker

2 Vollkornbiskotten (Vollkorn-Löffelbiskuit)
ca. 50 ml kalter Kaffee

Topping
1 Himbeere
1 Minzzweig

Statt Himbeeren kannst du natürlich ebenso andere Beeren wie Erdbeeren, Heidelbeeren oder Brombeeren verwenden.

NÄHRWERTE

Für diese eine Portion
968 kJ / 230 kcal
5,6 g Fett
davon 3,3 g gesättigte Fettsäuren
22,4 g Kohlenhydrate
davon 20,2 g Zucker
2,57 g Ballaststoffe
19,8 g Eiweiß
0,59 g Salz

ZUBEREITUNG

1. Für die Creme Skyr, Topfen, Wasser, Zitronensaft und die halbe Packung Vanillezucker glatt rühren. Das geht am besten mit einer Gabel.
2. Himbeeren in eine Schüssel geben und mit einer Gabel zerdrücken, mit dem restlichen Vanillezucker süßen.
3. Kaffee in einen tiefen Teller geben und Vollkornbiskotten darin beidseitig tunken.
4. Alle Komponenten abwechselnd in ein Dessertglas schichten.
5. Zuletzt mit der Himbeere und der Minze garnieren.

REZEPTABWANDLUNG

- **Steirisches Apfeltiramisu:** Hierfür ersetzt du die Himbeeren durch ungesüßtes Apfelmus.
- **Pfirsichtiramisu:** Schichte Pfirsichmus als Fruchtkomponente ins Glas.
- **Klassisches Tiramisu:** Dafür lässt du einfach die Obstkomponente weg und bestreust das geschichtete Dessert nur mit Backkakao.

KAFFEECREME

Zubereitungszeit
5 Minuten

Allergenkennzeichnung
G Milch H Nüsse

ZUTATEN

1/2 Pkg. (125 g) Topfen (Quark) 20 % F. i. T.
2 EL (20 ml) kalter Kaffee
1/2 Pkg. Vanillezucker

Topping
1/2 TL (3 g) Backkakao
1/2 TL (3 g) geriebene Walnüsse

NÄHRWERTE

Für diese eine Portion
721 kJ / 172 kcal
7,6 g Fett
davon 4,2 g gesättigte Fettsäuren
9,1 g Kohlenhydrate
davon 8,7 g Zucker
1,24 g Ballaststoffe
16,1 g Eiweiß
0,13 g Salz

ZUBEREITUNG

1. Topfen, Kaffee und Vanillezucker glatt rühren und in einem passenden Glas anrichten.
2. Mit Kakaopulver und geriebenen Nüssen bestreuen.

REZEPTABWANDLUNG

Mit in Kaffee getränkten Vollkornbiskotten (Vollkorn-Löffelbiskuit) kannst du aus dieser Kaffeecreme auch ein **Kaffeetiramisu** zaubern.

SCHOKO-NUSS-KEKSE

Zubereitungszeit
30 Minuten

Backzeit
ca. 12 Minuten

Portionen
25

Allergenkennzeichnung
A Gluten H Nüsse

ZUTATEN	NÄHRWERTE
2 EL (60 g) ungesüßtes Apfelmus	**Pro Portion**
1 EL (20 g) Zucker	226 kJ / 54 kcal
1 Pkg. (8 g) Vanillezucker	3,1 g Fett
1 Prise Salz	davon 0,8 g gesättigte Fettsäuren
2 EL (20 ml) Rapsöl	4,7 g Kohlenhydrate
5 EL (100 g) Vollkornmehl	davon 2,1 g Zucker
3 1/2 EL (ca. 50 g) geriebene Walnüsse	0,88 g Ballaststoffe
3 Würferl (15 g) geriebene Bitterschokolade (mind. 70 % Kakaoanteil)	1,5 g Eiweiß
1 Prise Zimtpulver	0,05 g Salz
1 Prise Backpulver	

Deko

1 1/2 Rippen (30 g) Bitterschokolade (mind. 70 % Kakaoanteil)
1 TL (5 ml) Rapsöl
1 EL (15 g) gehackte Haselnüsse

TIPP!

Die Kekse bleiben in einer luftdicht verschließbaren Dose zwei bis drei Wochen frisch.

ZUBEREITUNG

1. Für den Teig Apfelmus mit Zucker, Vanillezucker, Salz und Öl glatt rühren.
2. Mehl mit Nüssen, Schokolade, Zimt und Backpulver mischen, zu den flüssigen Zutaten geben und alles zu einem kompakten Teig verarbeiten.
3. Teig abgedeckt zehn Minuten kühl rasten lassen.
4. Währenddessen den Ofen auf 180 °C Ober- und Unterhitze vorheizen.
5. Ein Backblech mit Backpapier belegen.
6. Danach den Teig auf einer bemehlten Arbeitsfläche kurz mit den Händen durchkneten und ca. 3 mm dick ausrollen.
7. Mit einem Keksausstecher Kekse ausstechen und auf das Backblech legen.
8. Kekse etwa zwölf Minuten im vorgeheizten Ofen backen, bis sie duften und die gewünschte Farbe haben. Danach vollständig auskühlen lassen.
9. Inzwischen die Bitterschokolade im Wasserbad schmelzen und das Öl einrühren.
10. Kekse mit Schokolade verzieren und mit gehackten Haselnüssen bestreuen.

STRACCIATELLA-CREME

mit Erdbeeren

Zubereitungszeit
10 Minuten

Allergenkennzeichnung
G Milch

ZUTATEN

1 Würferl (5 g) Bitterschokolade (mind. 70 % Kakaoanteil)
2 EL (100 g) Skyr
2 EL (50 g) Naturjoghurt
1/2 Pkg. Vanillezucker
100 g Erdbeeren

Je nach Saison tausche ich die Erdbeeren durch ein anderes Obst wie Marillen (Aprikosen), Kirschen, Brombeeren, Pflaume oder Apfel aus.

NÄHRWERTE

Für diese eine Portion
830 kJ / 197 kcal
6,1 g Fett
davon 3,0 g gesättigte Fettsäuren
16,6 g Kohlenhydrate
davon 16,3 g Zucker
2,94 g Ballaststoffe
16,4 g Eiweiß
1,02 g Salz

ZUBEREITUNG

1. Bitterschokolade sehr fein hacken, ein paar Schokostückchen als Topping zur Seite legen.
2. Skyr mit Joghurt und Vanillezucker verrühren, Bitterschokoladebrösel hinzufügen.
3. Erdbeeren waschen, eine Erdbeerhälfte als Topping zur Seite legen. Bei den anderen Beeren das Grün entfernen und die Beeren in kleine Stücke schneiden.
4. Erdbeerenstücke und Creme abwechselnd in ein passendes Glas füllen – mit Erdbeerstücken abschließen.
5. Zuletzt mit der Erdbeerhälfte und den beiseitegelegten Schokostücken garnieren.

TIPP!

Achte beim Einkaufen der Bitterschokolade auf die Zutatenliste. Die drei Hauptzutaten sollen Kakaomasse, Zucker und Kakaobutter sein. Oft sind weitere Zutaten wie Aromen oder Emulgatoren enthalten, die in einer qualitativ hochwertigen Schokolade nicht vorkommen. Wenn die Qualität der Ausgangsprodukte stimmt, sind diese nämlich nicht notwendig.

TOPFEN-ORANGEN-CREME
QUARK-ORANGEN-CREME

mit Mohn und Granola

Zubereitungszeit
10 Minuten

Allergenkennzeichnung
A Gluten   G Milch   evtl. H Nüsse (Granola)

ZUTATEN

2 EL (100 g) Topfen (Quark) bis 20 % F. i. T.
2 EL (50 g) Naturjoghurt
3 EL (30 ml) Wasser
1/2 Pkg. (4 g) Vanillezucker
1 TL (5 g) gemahlener Mohn
1 Orange
1 EL (15 g) Granola nach Wahl
(z. B. Buchweizengranola, S. 22)

Ersetze die Orange durch eine beliebige saisonale Obstsorte: z. B. Beeren, Kirschen, Zwetschken oder Pflaumen.

NÄHRWERTE

Für diese eine Portion
1 230 kJ / 293 kcal
10,8 g Fett
davon 4,6 g gesättigte Fettsäuren
27,1 g Kohlenhydrate
davon 21,1 g Zucker
4,81 g Ballaststoffe
17,9 g Eiweiß
0,17 g Salz

ZUBEREITUNG

1. Für die Creme Topfen mit Joghurt, Wasser, Vanillezucker und Mohn glatt rühren.
2. Orange schälen und die Orangenspalten in mundgerechte Stücke schneiden.
3. In ein passendes Glas zuerst die Orangenstücke und dann die Creme geben.
4. Mit Granola toppen.

TIPP!

Ich mag diese Creme auch gerne zum Frühstück! Dafür erhöhe ich den Anteil an Naturjoghurt und Granola, um den ganzen Vormittag satt zu bleiben.

RESTLOS GLÜCKLICH!

Da Mohn einen hohen Fettanteil (42 %) aufweist und schnell ranzig werden kann, bewahrst du den übrigen gemahlenen Mohn gut verschlossen maximal zwei bis drei Wochen im Kühlschrank auf. Um den Mohn aufzubrauchen, kannst du damit einen Mohnstriezel, Mohnkuchen oder eine Mohntorte machen. Falls du Rezepte dafür brauchst – die gibt es in meinem Backbuch „Süß UND gesund?!".

ZUTATENLISTE MIT REZEPTIDEEN ZUM RESTLOS-GLÜCKLICH-SEIN

Mit diesem Überblick schaffst du mit wenigen Zutaten viel Abwechslung in deinem Speiseplan – ohne lang Reste im Kühlschrank hin- und herschieben zu müssen. Frei nach dem Motto:
WO KANN ICH WAS VERBRAUCHEN?

Apfel, Apfelmus

Aubergine (Melanzani)

Beeren (z. B. Himbeeren, Erdbeeren, Brombeeren)

Biskotten/Löffelbiskuit (Vollkorn)

Bohnen

Buchweizen

Buttermilch

Champignons

Couscous (Vollkorn)

Ei(er)

Erbsen

Frischkäse

Haferflocken

Hüttenkäse

Joghurt griechischer Art bzw. vegane Variante

Karotten

DANKE

an Martina,
dass du mich als Erste zu diesem Buch motiviert und nicht lockergelassen hast.

an Jasmin, Claudia, Anja, Melanie, Nina und Martina,
dass ich eure vegetarischen Rezeptideen nach den Richtlinien einer ausgewogenen Ernährung optimieren und in dieses Buch integrieren durfte.

an Markus,
dass du mich bei all meinen Projekten unterstützt.

an alle,
die sich bereits für mein Backbuch entschieden haben und hoffentlich auch mit diesem Kochbuch eine Freude haben.

Danke!

LITERATURVERZEICHNIS

www.trauner.at/Literatur_Birgit_kochts

NASCHEN OHNE REUE – 60 KÖSTLICHE REZEPTE, DIE FUNKTIONIEREN UND GESUND SIND!

Süß UND gesund?! Birgit backt's

4. Auflage 2024, 184 Seiten, Hardcover, 19,5 x 24,5 cm

ISBN 978-3-99113-931-7
EUR 27,90

- Für alle, die das Backen lieben und Genuss mit Gesundheit verbinden möchten
- Gegenüberstellung von klassischen Rezepten und gesünderen Varianten
- Umfangreiche Nährwertangaben pro Stück Varianten